技工院校学生职业素养系列读本

我的生涯我做主

——职业生涯规划读本

主　编：赵海燕
副主编：杨　薇
编　者：赵海燕　杨　薇
　　　　周家富　许晓蓓

苏州大学出版社

图书在版编目(CIP)数据

我的生涯我做主:职业生涯规划读本/赵海燕主编
. —苏州:苏州大学出版社,2013.5(2022.8 重印)
(技工院校学生职业素养系列读本/王志强总主编)
ISBN 978-7-5672-0492-8

Ⅰ.①我… Ⅱ.①赵… Ⅲ.①职业选择—高等职业教育—教学参考资料 Ⅳ.①G717.38

中国版本图书馆 CIP 数据核字(2013)第 105729 号

我的生涯我做主
——职业生涯规划读本
赵海燕　主编
责任编辑　李　兵

苏州大学出版社出版发行
(地址:苏州市十梓街1号　邮编:215006)
镇江文苑制版印刷有限责任公司印装
(地址:镇江市黄山南路18号润州花园6-1号　邮编:212000)

开本 787 mm×1 092 mm　1/16　印张 9.75　字数 182 千
2013 年 5 月第 1 版　2022 年 8 月第 3 次印刷
ISBN 978-7-5672-0492-8　定价:35.00 元

苏州大学版图书若有印装错误,本社负责调换
苏州大学出版社营销部　电话:0512-67481020
苏州大学出版社网址　http://www.sudapress.com

技工院校学生职业素养系列读本

编委会

主　任：王志强

副主任：唐卫民　李中民　周志红　丁阿妹
　　　　尹为国　凌洪斌　周万春

编　委：洪　泉　李乡伟　葛振娣　赵海燕
　　　　金守明　张友林　周　君　孙梅军
　　　　陈修勇　夏桂荣　王　莉　曹祖军
　　　　时晓倩　杨　敏　潘真真　刘从香
　　　　张永亮　杨　徽　周家富　常　飞
　　　　周　超　冯远飞　吴柳月　李子震
　　　　张舒心　鸦　伟　马文峰　李彩兵
　　　　赵元明　余　妍　任国庆　许生如
　　　　王亚珍

序
Foreword

教育是中华民族振兴和社会进步的基石,加快发展职业教育,既是当前社会经济发展的需要,也是促进全面建成小康社会的需要。

党的十八大提出,加快发展现代职业教育,坚持教育为社会主义现代化建设服务、为人民服务,把立德树人作为教育的根本任务,全面实施素质教育,着力提高教育质量,培养学生社会责任感、创新精神、实践能力,培养德、智、体、美全面发展的社会主义建设者和接班人。

从党的十七大报告中的"大力发展职业教育",到党的十八大报告中的"加快发展现代职业教育","现代"两字的加入,赋予了职业教育改革与发展新的目标和内涵。现代职业教育不仅要注重对学生技能的培养,而且要注重对学生现代职业道德、职业素质的培养,将人才培养目标与现代市场需求"零距离"对接,把人才培养同经济社会发展需要真正结合起来。

我们编写的这套《技工院校学生职业素养系列读本》,以全面贯彻素质教育为目的,旨在让技工院校的学生从了解自己、信任自己开始,学会为自己的学习生活定位,为将来的职业生涯定向。丛书通过不同的专题视角,使技校生切实领悟"条条大路通罗马"、"路是自己走出来的"等道理,让技校生切身感悟到除了传统的升学路之外,还有很多适合技校生自我发展、自我提升的途径,作为技校生,只要正视自我,树立自信,发挥特长,把握机会,勇于进取,同样能走出精彩的人生之路。

这套丛书的作者都是多年从事职业教育的教师,他们富有经验,热爱学生,是技校生最可信赖的良师益友。当同学们抱读《技工院校学生职业素养系列读本》时,就犹如与挚友促膝畅谈——谈入学适应、谈人际交往、谈团队协作、谈品质修炼、谈心理素养、谈创新能力、谈职前训练、谈职业生涯、谈创业能力、谈就业指导、谈安全避险。我们希望通过这套丛书,开发技校生素质教育的丰富内容,挖掘技校生不同个体的潜质和精神气质,使学生增强适应能力,提升心理品质,提高协作能力,练就职业技能,具备职业意识,把学生培养成为尊重他人、善于沟通、一专多能、德才兼备的高素质人才。

本套书的编写,以"教育要面向现代化,面向世界,面向未来"为指针,以党和国家教育方针以及中等职业教育的培养目标为依据,直接体现中等职业教育培养"与我国社会主义现代化建设要求相适应,德、智、体、美全面发展,具有综合职业能力,在生产、服务一线工作的高素质劳动者和技能型人才"的目标要求。丛书既可以作为技工院校学生了解自我、规划人生的通识读本,也可以供关注自我发展和自我实现的普通读者阅读。

《技工院校学生职业素养系列读本》编委会

前 言
Preface

  一些青年朋友可能会存在以下一些疑惑。

  有人问:"目前我手上有两个工作供选择,A 公司名气大、收入高,但职位不是我喜欢的;B 公司是新成立的公司,收入不如前一家高,但工作内容是我喜欢的。我该选哪份工作呢?"我的答案是,对于职场新人来说,薪水的多少并不是最重要的考虑因素。如果今天因为年薪多出几千、几万元而选错了职业方向,未来年薪的差距可能会在几百万元以上。因此,职场新人应该优先选择最有利于自身未来发展的工作。

  还有人问:"那到底是选择自己喜欢的职业,还是选择能够发挥自己能力的工作?"其实,对于大多数青年朋友来说,应优先选择后者。当你做自己擅长的工作时,会感到如鱼得水,这会使你发展得比同龄人快,也就有可能更好地出人头地。当你体会到成功的喜悦时,你自然而然地也会喜欢上这份工作。

  在初入职场的时候,你并不一定要选择成熟、规范的大公司。虽说大公司对于一个人职业习惯的培养和未来的成长大有裨益,但有的时候,刚起步的公司可能会带给你更多的机会锻炼自己各方面的能力;与此同时,你还可以知道自己到底喜欢做什么,擅长做什么。事实上,职业选择只有适合与否而没有好坏之分。

  值得庆幸的是,在今天,职业生涯规划不再神秘,你完全可以通过学习来解开她看似神秘的面纱。通过进行合理的职业生涯规划,你可以找到最适合自己的职业,并在自己热爱的岗位上获得发展。

简单来讲,职业生涯规划其实只需三个步骤,那就是"知己"、"知彼"和匹配。本书的意图就是帮助你进行自我发现和自我认知,并学会对各种职业环境加以分析,最后将二者结合,进行最优匹配。

如果说有一本书能让大家有所感悟,并掌握一些实用的工具,帮助大家少走弯路,尽量不走错路,我想达成这样的目标显然是幸福的,假设能够帮助朋友们实现这样的幸福,那将是对作者最大的鼓励,这也是作者的追求。谨将此书献给所有职场的新老朋友们!

因能力有限,书中不足之处,敬请大家不吝指教。

我的生涯我做主,让我们出发吧!

编　者

目 录
Contents

Part 1
善用灯塔,找准航向
001/

第一章	为职业机遇找双慧眼	003
第二章	为奋斗策略清晰头脑	008
第三章	为职业竞争力插上翅膀	015

Part 2
探索自我,明确目标
023/

第一章	我的个人特色有哪些	025
第二章	我现在距离目标还有多远	032
第三章	我可以从哪些方面实现自我价值	040
第四章	我要塑造崭新的形象	047

Part 3
细察环境,寻找突破
063/

第一章	家庭带来的烙印	065
第二章	学校赋予的能力	074
第三章	社会营建的氛围	084

Part 4

规划路线，成就事业

091/

第一章	理想中的彼岸	093
第二章	如何横渡江河	105
第三章	寻找我的渡船	114
第四章	当好船员，驶向成功	128
附录	生涯规划100句	140

善用灯塔，找准航向

Part 1

我们不能左右天气，但可以改变心情；我们不能选择容貌，但可以展现笑容；我们不能支配他人，但可以掌握自己；我们不能样样顺利，但可以事事尽力；我们不能决定生命的长度，但可以拓展生命的宽度。这个"宽度"就是我们的生涯。

生涯是一片沃土，需要我们投入时间和智慧去经营。古人曾说："凡事预则立，不预则废。"这里的"预"就是准备、计划的意思。这句话告诉我们，只有在事先做了精心的准备和筹划，才能更好地达到目标。生涯对于我们每个人只有一次，是我们最应该和最值得经营的对象。也许你曾经为了买一件喜欢很久的东西而进行储蓄计划，控制其他花费，最终如愿以偿；那么，我们又怎能够随随便便地把生命托付给没有方向盘的时光列车？对于宝贵的生涯，是不是更应该详加规划？

在这里，我们将开始和你讨论生涯和生涯规划话题，教你善用灯塔，找准航向，你将会自信地说出"我的未来不是梦！"

第一章 为职业机遇找双慧眼

机遇,并不是被动地等待,而是主动地寻觅。机遇,常常意味着选择,意味着放弃。一个哭哭啼啼、饱受丈夫欺侮的怨妇,可以选择继续忍受下去,以便获得更多人的同情;也可以选择离去,去一个新地方,和新人开始新生活。迈出这一步,需要机遇,更需要在机遇来临时敢于选择的勇气。

德鲁克在《21世纪的管理挑战》中,提出了一种寻找机遇的"笨"方法:企业每个月准备一页纸,记录那些实际结果比预期更好的部分,比如销售业绩、营业收入、利润或产量等;然后群策群力,一起寻找结果背后的原因;找到了原因,往往就找到了新的机遇。

罗素曾说,世间并不缺少美,缺少的是发现美的眼睛。同样的,世间并不缺少机遇,缺少的是有准备的头脑,缺少的是勇敢的心灵。

 话题1 走出迷茫带,从规划开始

 案例分享

陈珊毕业于一所职业学校,学的是酒店管理专业,她毕业前实习的时候曾经接待过一位广告公司的行政经理。陈珊热情周到的服务给这位行政经理留下了深刻的印象,于是邀请陈珊到她的公司做前台接待,而这时陈珊的实习单位(酒店)也有意留下她。陈珊权衡再三,觉得自己更希望做一名广告人,于是就选择了去广告公司。在接下来长达四年的从接待到文秘的职业生活中,陈珊在完成好自己本职工作的同时,还处处注意观察学习,有针对性地参加一些培训,主动参与一些广告创意的设计。四年后,当另一家广告公司邀请她去做行政主管时,陈珊却出人意料地提出希望成为一名创意助理,尽管这个职位的待遇比行政主管低了很多,但她却由此正式踏入了广告行业的专业岗位。现在,陈珊已经是这个公司的业务骨干了。她给自己定下的五年目标是:成为公司的创意总监。回顾自己毕业以来的生活,陈珊感到自己过得充实和富有激情,抓住了可能的发展机会,而且最重要的是:她对实现自己的目标充满了信心。

思维激荡

陈珊为何放弃行政主管职位,而选择创意助理职位?

陈珊事业节节高的原因何在?

 理论工具箱

这个案例中的主人公陈珊,是一位拥有很强生涯规划能力的人,她的生涯规划使她能够在人生的十字路口上较为容易地做出明确的选择,因为她知道自己愿意努力的方向。在未来的人生中,我们每个人都会面临很多难以预料的时间和问题,也可能碰到种种机遇,需要我们做出抉择或积极地把握。你的生涯规划就像大海航行中的灯塔,使你能够始终把握住前行的方向,坚定自己的步伐,发掘自己迎接困难和挑战的潜力。

职业生涯规划是一种观念,首先你要建立职业生涯是可以规划的观念,做自己职业生涯发展的主人;其次职业生涯规划是一种实践技能,需要你在实践中不断地磨炼和提高。就让我们从现在开始,学习和锻炼我们的职业生涯规划能力吧。

 小贴士

> 职业生涯规划能够帮助你认识真正的自己,在自己最擅长的领域工作,并且发挥自己最大的优势,成为最优秀的职场人士。

 小实验

你是哪一种类型的生涯船长

你的生涯之船已经起锚,在茫茫大海中,你将怎样前行?下面是一张生涯船长类型分析表,请你依次回答,你将会知道自己是哪一种类型的生涯船长。

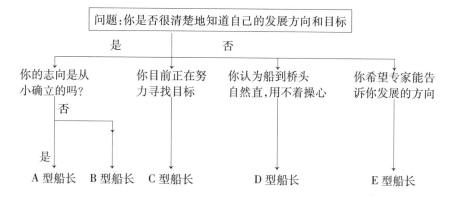

知道了你自己是哪一种类型的船长了吗？每一种类型代表着人们对于生涯规划所持的不同态度，具有不同的特色，请与大家一起讨论：

1. 你觉得自己属于哪一种类型的船长？在航船行驶时你会有怎样的表现？
2. 根据大家的讨论，归纳总结出各种类型船长的特点。
3. 你喜欢哪一种类型的船长？为什么？

致 A 型及 B 型船长：

祝贺你已经拥有了明确的发展方向和目标！在未来的生涯航程中，充足的自信将成为你最大的资本。不过，只有信心还不足以战胜未来可能出现的惊涛骇浪，用心地学习这门课程并且学以致用，将能够使你获得有关生涯航行的知识和技巧，在必要的时候及时调整航向，让你的航行更加顺利。

致 C 型船长：

欢迎你学习这一课程！虽然你现在还没有清晰的发展方向和目标，但是你正在努力探索，通过学习应用课程中的有关技能，相信你一定能够尽快找到积极的人生方向。

本门课程将系统地帮助你认识自己，认识工作与职业，使你获得生涯航行所必需的知识和技能，通过这些阶段的学习，相信你的生涯发展会逐渐清晰起来。

致 D 型及 E 型船长：

欢迎你学习这一课程！虽然你现在还没有清晰的发展方向和目标，还在等待时机的来临，这门课程的学习将提供给你一次良好的机遇。如果你用心地学习这门课程，相信你会在其中找到适合自己的一些答案。特别是在我们的课程中，所有内容和探索活动的目的都在帮助你发现自我，了解工作与职业，这些信息的吸收、了解与运用将是决定你生涯方向的重要起点，因此，你才是自己生涯发展的主人。

话题 2　你拥有"变形能力"吗？

案例分享

小江为人细心、热情，职校毕业后，应聘在一家寻呼公司做话务员，当时寻呼业务在社会上需求很旺，做这一行的收入也很不错，而且，小江觉得凭自己的性格、能力，也能够得心应手。一年后，小江发现随着手机的普及，寻呼业务有了萎缩的迹象，而自己，也在得心应手之余，觉得还可以做更有挑战性的工作，于是，她利用业余时间进修秘书课程。后来，公司果然因业绩下滑而大幅度裁员，由于早有准备，小江得以顺利地进入到一家外企开始她的秘书生涯。

思维激荡

小江为何学习秘书课程？

小江为何能在公司裁员时顺利跳槽？

理论工具箱

从这个例子里，我们看到小江一开始做出了当时正确的选择和决定，顺利地开始了自己的职业生涯，但是，无论是外部环境还是自身内部，随着时间的流逝都发生了一些变化，小江及时发现并思考对策，重新做出了应变的选择。所以，我们对自己的生涯发展，要充分认识到它的动态变化性特点，主动应变。这样，随着我们经验的积累，个性的成熟，在不断变化的外部环境中，会越来越清楚自己适合的发展方向。这种过程的不断地动态循环，就演变出我们生涯发展的轨迹。我们的生涯发展就是这样一步一个脚印地走过来的，在这个过程中的每一步的经验体验和积累，指引着我们下一步发展的方向。

小贴士

职场成功的秘诀就在于要具备驾驭那些前进路上的意外和曲直的"变形能力"。与其去对抗那些变化和意外,不如学会让自己接纳并适应种种变化。

 小实验

简 述 题

我国处在一个全面推进社会主义市场经济的时代。作为一个高等职业学校的学生,也将面临着非常激烈的竞争。为了今后能更好地适应社会的需要,给自己赢得一个良好的未来,我们高职生在校期间就要从各个方面做好充分的准备。请结合自身实际,谈一谈从哪些方面来提升自己的竞争力?

第二章　为奋斗策略清晰头脑

每个人都需要对自己的职业生涯统筹规划。每个人都需要有自己的职业生涯策略,它是实现职业生涯目标的行动计划。生涯策略与职业成就是相辅相成的。

有些人不费力便能有效地掌控自己的人生,成就自己完美的职业生涯,其原因很简单,就是他拥有完全的职业生涯策略。

有策略才能有规划地前进。你每行一步之前,要想好自己的第一步、第二步和每步遇到的问题及解决方式,有目的地去执行下一步。这样,你才有把握确保自己踏上的是通往目的地最便捷的那条直线。所以,有效的目标规划需要有切实可行的完全策略,因而策略具体且可行性较强的行动方案会帮助你一步一步走向成功,实现完美的职业生涯。

 话题 1　工欲善其事,必先利其器

 案例分享

何先生 2018 年毕业后就一直在一家企业上班,在两年后的一次同学聚会上,大家聊起了自己两年来的发展。大伙的事业都有了一定的发展,可何先生却还是两年前的职位,没有一点变动,这让他深受打击。

在学校的时候,一些不如他的人,现在却一个个都比他强了,为什么竟有如此大的反差,是他真的不行吗?事实上,他并没有去深入地了解他的这些同学在这两年内是怎么发展的,也没有去思考别人为什么就能有一定的发展而自己却止步不前。

他也开始尝试着为自己寻找新的出路。但却没有想到,换了一份新工作后万事更不如意了,于是又换,还是不如意,就这样,一而再,再而三地换工作,结果却一次不如一次。这时,他的信心开始动摇了。

思维激荡

何先生该如何去找工作,换工作?

何先生失落的原因是什么?

理论工具箱

出现与何先生类似情况的人也不少,看着身边的人都有了发展,而自己还在原地踏步,心里不免有几分失落,但在这群人中,能认清实际情况的又有多少呢?他们通常只是想用换工作的方法来改变自己的现状,但却没有思考要换什么样的工作,换工作后要如何发展。

更换工作虽然存在一定的风险,但在其中也蕴藏着发展的机会。那么,我们该如何去找工作,换工作,才能让自己有一定的发展,而不至于在工作的更换中迷失方向呢?

找到一个晋升的平台并不是一件一蹴而就的事。正所谓工欲善其事,必先利其器,做一件事之前,一定要有一个计划,有一个着手点。求职也一样,我们要知晓自己适合做哪种工作,并以此作为一个切入点。为了防止手忙脚乱,我们从一开始就要为自己计划好,先利其器再善其事。

何先生在设法摆脱自己被动局面之前并没有为自己制订好一个计划,而只是盲目地去更换工作。如果一开始,他先去思考一下同学们成功的经验,也许他在不离职的情况下也能有一个好的发展,或者在离职后会有一个明确的发展方向。

我们在职业选择方面一定要有自己的计划,为自己做一个职业生涯规划,来提高自己的就业保障系数。欲善其事就必先利其器,所以我们在求职的时候一定要做好前期的准备工作,不要让自己过于被动。

一位自以为有才华的青年因得不到重用,非常苦恼。他质问上帝,命运为何对他如此不公。上帝从路边随便捡起一块小石头,又随即扔了回去,问青年:"你能找到我刚才扔下去的那块石头吗?"青年摇了摇头,上帝把手上的金戒指取下来,扔到石头堆中去,又问青年:"你能找到我刚才扔下去的金戒指吗?"青年说:"能。"果然,青年没多久就找到了金戒指。上帝问:"你现在明白了吗?"青年兴奋地答道:"明白了。"其实,当一个人抱怨自己怀才不遇时,实际上他还不过是一块小石子，而不是一块金子。

小贴士

> 工匠在做工前打磨好工具，操作起来就能得心应手，就能达到事半功倍的效果，职业生涯规划也一样。在锋芒毕露之前请先做好各种准备，将自己的"工具"打磨光亮后再出发。

小实验

想知道你的职业潜质吗？以下是几道有关事业发展的测试题。

1. 从选座位看你职场做事潜质。

如果你和三个同伴共同乘坐一辆出租车，你通常会选择哪个座位？

A. 司机旁边　　B. 后排中间　　C. 后排右边　　D. 后排左边

答案解析：

选择A：你是个理智的人，懂得遵守市场规律，不会做出错误的判断。如果有一天，你真的遇到了生意上麻烦的事，你会理智地选择放弃，再去重新寻找生意目标。你也是个镇定自若的人，你不会因一些突发事件而手忙脚乱。总之，你会在发财的道路上越走越顺。

选择B：也许你并不适合做生意，因为你有一颗脆弱的心，你无法承受生意中出现的危机，也无法去处理、化解这些矛盾。你也许适合选择一个稳定的工作，每月领取一份满意的工资，过一种安稳、平和的生活。

选择C：你做事喜欢精心策划与设计，是一个细心的人。你会在花钱之前想到一切后果，不会对突发危机没有准备。

选择D：你是个执着的人，会用尽全力去追逐梦想。但有时候你不会审时度势。建议你学会在必要的时候选择放弃。

2. 从选楼层看你的创业潜质。

你的公司在一座8层的大厦里，你希望自己的工作地点在哪一层？

A. 一层或二层　　　　　　　B. 三层或四层

C. 五层或六层　　　　　　　D. 七层或八层

答案解析：

选择A：你的创业意识较强，能脚踏实地，是个务实的创业者，但有时遇到问题过于犹豫,往往失去好的发展机会。

选择 B:你很务实,有很强的思考能力,是非常精干的创业者,只是过于机敏反而容易误失时机。

选择 C:你能够抓住时机迎头而上,具备超强的市场洞察力,并且能够听从他人的指正,是一位非常有潜质的创业者。

选择 D:你具有不服输的性格,具有力压群雄之势,有竞争力,对自己创业充满信心,但要回避出现急于求成的心态。

话题2　让优秀成为一种习惯

案例分享

查理·施瓦布小时候生活在宾夕法尼亚州的一个山村里,生活环境非常艰苦,只受过短短几年的教育。从15岁起,他孤身一人以赶马车为生。两年后,他谋得另一份工作,每周只有2.5美元的报酬,在这期间,他在做每一项工作时都力争尽善尽美。功夫不负有心人,没过多久,他便成为卡内基钢铁公司的一名工人,日薪一美元。做了没多久,他就升任为技师,接着升任为总工程师。过了5年,他便兼任卡内基钢铁公司的总经理。

当还是钢铁公司一名普通工人的时候,他就暗暗下定决心:"总有一天我要做到管理层,我一定要做出成绩来。我不会去计较薪水的高低,我要拼命地工作,使我的工作价值远远超过我的薪水。"

思维激荡

查理·施瓦布不断晋升的原因是什么?

查理·施瓦布的职业目标明确吗?为什么?

理论工具箱

查理·施瓦布不妄想一步登天,做任何事情都脚踏实地。他晋升的秘诀是:每到一个位置,从不把月薪的多少放在眼里,而是应当把事情做到最好,让优秀成为一种习惯。正因为如此,查理·施瓦布在39岁时便成为全美钢铁公司的总经理。

在实际工作中,不管事情大与小,我们都要尽力将事情做到最好,应付差事还不如不做。不要管别人做得怎么样,工作一旦安排在你手里,就不能敷衍了事,要认真完成,养成好习惯,当你养成了好的工作习惯,就不必担心自己缺乏工作动力了。

"习惯"看似是个再平常不过的话题,但是一旦你充分发挥它的能量,你将收到意想不到的成果。让优秀成为一种习惯,那么就没有什么能够阻挡你前进的脚步了。

小贴士

> 无论做什么事,都要力求做到最好,让优秀成为一种习惯。
> ——亚里士多德

小实验

阅读材料,按要求做1—5题。

周杰伦的职业生涯

一、职业培育期:周杰伦小时候学习不尽如人意,但他从小就对音乐有着独特的敏感。高中联考时,周杰伦抱着试试的心理考上了淡江中学音乐班。在高中时选择读音乐班,是周杰伦的一个很重要的职业规划。在音乐班的氛围里,他的音乐天赋很顺利地从个人兴趣发展成社会技能。

二、职业适应期:由于偏科严重,周杰伦没有考上大学。是先择业还是先就业?周杰伦选择了在一个餐厅做侍应生——先生存,再谋发展。一次,周杰伦偷偷地试了试大堂的钢琴,他的琴声震惊了所有人,于是周杰伦慢慢开始有了公众演奏的机会。如果周杰伦当初坚持寻找自己喜欢的完美工作——唱歌,那么,没有经济支持和明确方向,他的音乐之路能坚持多久?毕业后最好的职业规划选择应该是:找一份自己能做的工作,同时,注意培养进入理想工作的能力,把理想工作作为长期目标来努力。

三、职业发展期:1997年9月,周杰伦的表妹瞒着他,偷偷给他报名参加了吴宗宪主持的娱乐节目《超猛新人王》,周杰伦的演出惨不忍睹。但吴宗宪惊奇地发现这个头也不敢抬的人谱曲非常复杂,而且抄写得工工整整!他意识到这是一个对音乐很认真的人,于是请周杰伦任唱片公司的音乐制作助理。

周杰伦的音乐创作曲风奇怪,没有一个歌手接受。吴宗宪有意给他一些打击,当面告诉他写的歌曲很烂,并把乐谱揉成一团。然而,吴宗宪每天仍能惊奇地看到周杰伦把工整认真的新谱子放在桌上。他被这认真踏实、沉默木讷的年轻人打动了,于是就有了周杰伦一举成名的专辑《JAY》。

1. 酷爱音乐的周杰伦首先选择了在一个餐厅做侍应生,然后寻求发展机会的做法给我们的启示是(　　)

A. 在从"学校人"到"职业人"的职业生涯转变中,首先要做的是适应、融入社会。

B. 首次就业期望值不宜过高,先就业,再择业。

C. 即便实际就业岗位与规划有差距,也要脚踏实地工作。

D. 再择业是提高就业质量、落实职业生涯规划的好机会。

2. 假设周杰伦到吴宗宪的唱片公司应聘因没被录取而企图自杀,后经抢救脱离危险。不久公司向他道歉,原来他是应聘者中成绩最好的,只因为工作人员失误把成绩搞错了。此时的他自认为肯定会被这家公司录用。可没想到的是,又传来更新的消息,企业还是不准备录用他。原因是(　　)

A. 企业看重的是应聘者的专业技能。

B. 企业并不以应聘者的面试或者笔试成绩为准。

C. 企业重视应聘者的工作经验。

D. 企业重视应聘者的综合素质。

3. 假设周杰伦从音乐班毕业后到某公司应聘,他在面试时的错误做法是(　　)

A. 就座时抬头挺胸,目视前方。

B. 进门后主动和考官热情握手。

C. 不管面试是否顺利,结束时都答谢。

D. 等考官示意坐下时再坐到座位上,否则不坐。

4. 周杰伦做事执着认真,连曲谱都抄得工工整整,从而引起了吴宗宪的注意

并得以进入唱片公司。从职业的角度看,"播种习惯,收获性格;播种性格,收获命运"这句谚语说明( )

  A. 习惯和性格影响会人生。

  B. 职业性格影响职业的成败。

  C. 人的命运完全取决于性格好坏。

  D. 个人习惯会对职业生涯有很大影响。

5. 每个人都希望自己有一个成功的职业生涯,下面属于职业生涯特点的是( )

  A. 发展性,每个人的职业生涯都在不断发展变化。

  B. 阶段性,人的职业生涯分为不同阶段。

  C. 独特性,每个人的职业生涯都有不同的地方。

  D. 终生性,职业生涯会影响人的一生。

第三章　为职业竞争力插上翅膀

职业锚是一个人通过长期的寻找而形成的职业定位,是一个人的长期贡献区。职业锚形成后,一个人便会相对稳定地从事某种职业。随着一个人工作经验的积累,知识的扩张,个人的职业技能将得到不断地增强,职业竞争力也会随之增加。

 话题 1　定位明确才能赢得人生的转折点

 案例分享

秦小姐到现在已经有了五年的工作经验,期间从事过行政和销售类的工作。由于一直徘徊在职业发展的初级阶段,因此她换工作的频率比较高。最近她又成了求职大军中的一员。因为有了五年的工作经验,所以这次她希望能够在自己原来的基础上更上一个台阶,为个人的职业发展做做打算。但在真正实施的过程中,她却遭遇了失败。她面试过好几家公司,却一直没有遇到一家让自己满意的,不是她不符合对方的要求,就是她感觉对方给不了自己想要的未来。转眼间一个月的时间过去了,她开始产生紧迫感,心想:"我难道真的不行吗?"

 思维激荡

秦小姐为什么会屡遭失败?

秦小姐失败真的是因为自己不行吗?

 理论工具箱

随着人才市场的竞争越来越激烈,求职者也在"八仙过海,各显其能",通过各种方式和门路寻找就业机会。但还是有很大一部分人总是谋求不到适合自己的职业,白白浪费了很多时间。这主要是因为个人对自身和市场的需求缺乏一个准确且清晰的判断,在求职的过程中过于盲目。秦小姐之所以求职失败,主要是因为她对自己的定位非常模糊,无法对自己五年的工作经历经行梳理与整合,而核心竞争力的欠缺也使她与自己的期望值相距甚远。

通过对秦小姐全面的分析与了解后,专家发现秦小姐并不是不具备竞争力。在五年的工作过程中,她所涉及的领域非常广泛,这使其感觉找什么工作都可以,到头来却发现什么工作都不适合自己。根据职场求职规则,个人如果能够对自己的能力、气质、经验、竞争力有一个良好的认识,然后为自己制定一个准确的求职方向,相信机会很快就会到来。因为秦小姐的个性和气质与客户服务的岗位要求十分吻合:在从事行政类工作的过程中,她具有很强的责任心,以及为大家服务的精神;在从事销售类工作的过程中,她的沟通方面、处理问题方面的能力不断地得到提高,并且还积累了一定的行业和产品经验,因此,客户服务类的工作将是她最佳的选择。

 小贴士

> 作家柳青曾说:"人生的道路虽然漫长,但紧要处常常只有几步,特别是当人年轻的时候。没有一个人的生活道路是笔直的、没有岔道的。有些岔道口,比如政治上的岔口、事业上的岔口、个人生活上的岔口,你走错一步,可以影响人生的一个时期,也可以影响一生。"

 小实验

测试你的 EQ

问题:职场情商是很重要的,是职场晋升和发展必不可少的部分。如果你遭到上司不正确的批评,你会怎么处理?

A. 直截了当地说:"我没有错。"

B. 保持镇静,说:"对不起,是我的错"之类的话,避免与上司发生正面冲突。

C. 保持冷静,不说什么,避免与上司发生冲突,让事实说话。

D. 等上司讲完后,冷静地提出恰当的问题,引导对方逐渐认识到我没有错。

答案解析:

选择 A:许多人容易犯的错误就是,不等对方说完就直截了当地说:"我没有错。"也有人会选择保持沉默,避免冲突,但有时候事实并不会自己说出话来。

选择 B:不少人会认为 B 是最好的选择:既避免了冲突,保全了上司的面子,又可以澄清事实。

选择 C:这个选择比较适应应对大多数东方公司,因为东方人最讲面子,尤其是中国上司在下属面前最讲面子。而对于比较开明的上司,或者是喜欢直截了当的上司,D 也许是最好的选择。

选择 D:这个选择是自己既保持了冷静,避免情绪化冲突,澄清了事实,也保护了自己的面子和尊严。

话题2　终身学习是最好的职业保镖

案例分享

有一个年轻的樵夫到山上砍柴,不久,另一位老樵夫也来了。到了傍晚,年轻的樵夫发现,老樵夫虽然比他到得晚,砍的柴却比他多,于是,他决定明天要更早到山上去砍柴。

第二天,年轻的樵夫很早就到了,他心想:"这次我砍的柴一定比他多。"没想到,当他挑着柴回到柴房时一看,老樵夫砍得柴还是比他的多。

第三天,年轻的樵夫决定,他不但要比老樵夫早到,还要比他晚下山,他心想:"这次自己所砍的柴肯定比他多。"没想到,这一天,老樵夫砍的柴还是比他多。第四天、第五天也是一样。

到了第六天,年轻的樵夫终于忍不住了,他问老樵夫:"我不仅比你早到,而且比你晚下山,更比你有力气,为什么我砍的柴还是比你少?"

老樵夫拍拍他的肩膀说:"年轻人,我每天下山回到家后,第一件事就是磨斧头,可是你下班回到家后,却因为太累就只顾着休息,斧头都被你砍钝了,所以,虽然我比你老,比你晚到,比你早下山,但是我的斧头却比你的锋利,我只要砍五下,树就倒了,你却要砍十几下,树才会倒。"年轻人终于恍然大悟。

思维激荡

老樵夫比年轻樵夫砍柴多的原因是什么?

———————————————————————————

年轻樵夫早起晚归地砍柴,为何还是没有老樵夫砍的柴多?

———————————————————————————

 理论工具箱

　　人在努力的过程中,不能忘记成长,所以要一边做事,一边充实自己。

　　在过去,或许只要努力砍柴就能生存,而现在只砍柴是不够的,还要边砍柴边磨斧头,不断地充实自己,才能不被社会淘汰。

　　工作之后的学习,与学生时代最大的不同在于主动选择的余地更大。读书时很多人都对枯燥的必修课不感兴趣却不得不接受填鸭式的教育。当一个人必须以读书和考试为"主业"时,往往不太能感受到它的美好。进入职场之后,经过了从学生向职场新人的转型,开始一个人面对未来,这时候对于自己欠缺什么,会比学生时代有更清楚的了解,选择学习什么的自由度也大了许多。

　　工作之后,好的学习培训机会,常常会变得弥足珍贵。为了迎接更美好的未来,职场人士一定要保持一种终身学习的心态,积极进取。

 小贴士

　　终身学习不仅仅是一句口号,更需要付诸实际行动。在竞争越来越激烈的时代,唯有不断地充实自己,才能不被时代的洪流淹没。

 小实验

发现和选择学习机会

　　学校给我们提供了很多的学习机会,如各种必修课和选修课等,除此之外,我们还可以利用社会上的各种培训课程达到提升自己的目的。下面就请你根据自己的生涯目标,收集相关信息,为自己的近期学习做一个简单的规划。

我的生涯目标：
目前有哪些学习机会可以供我选择和利用？
学校里：1. _____
   2. _____
   3. _____
社会上：1. _____
   2. _____
   3. _____
我将会选择下列学习机会：
学校里：1. _____
   理由 _____
   2. _____
   理由 _____
社会上：1. _____
   理由 _____
   2. _____
   理由 _____

话题 3　少有人走过的路

案例分享

只有在新领域，才能留下脚印

1896年，年仅17岁的爱因斯坦就读于瑞士苏黎世联邦工业大学，他的导师是数学家闵可夫斯基。由于爱因斯坦勤奋好学，深得闵可夫斯基的赏识。师生二人经常在一起探讨科学、哲学和人生。有一天，爱因斯坦突发奇想，问闵可夫斯基："一个人怎样才能在人生的道路上留下自己的足迹，为人类作出伟大的贡献呢？"一向才思敏捷的闵可夫斯基被问住了。三天后，闵可夫斯基兴冲冲地找到爱因斯坦，非常兴奋地说："你那天提的问题，我终于有了答案！"说完，他拉起爱因斯坦就朝建筑工地走去,径直踏上了建筑工人刚刚铺平的水泥地面。建筑工人们大声呵斥,爱因斯坦被他的导师弄得一头雾水,非常不解地问道:"老师,您这不是领我误入歧途吗?"

"对,就是歧途!"闵可夫斯基不顾工人们的指责,指着水泥地面上的脚印说:"看到了吧,只有走这样的'歧途',才能留下足迹!"然后,他又解释说:"只有在尚未凝固的地方——新的领域中,才能留下深深的脚印。那些被无数人涉足过的地方,你别想再踩出脚印来。"听到这里,爱因斯坦非常感激地对闵可夫斯基说:"老师,我明白您的意思了!"从此,一种非常强烈的创新意识开始主导着爱因斯坦的思维和行动。

 思维激荡

闵可夫斯基为何带爱因斯坦去误入"歧途"?

爱因斯坦明白了什么?

 理论工具箱

爱因斯坦曾经说过这样的话:"我从来不记忆和思考词典、手册里的东西,我的脑袋只用来记忆和思考那些没载入书本的东西。"

爱因斯坦利用业余时间进行科学研究,大胆而果断地挑战并突破了牛顿力学定律。他在刚满26岁的时候,就提出了狭义相对论,开创了物理学的新纪元,为人类作出了卓越的贡献,在科学史册上留下了深深的足迹。那段尚未凝固的水泥路面,启发了爱因斯坦的创新和探索精神。其实,在人类社会和现实生活的各个领域中,都有各式各样"尚未凝固的水泥路面"等待着人们踩出新的脚印。

在职业生涯规划的道路上,我们要明确一点,被大家热捧着的饭碗不一定都是"金饭碗"。只有那些只看表面,只追求一时安稳的人,才会看重眼前所谓的"金饭碗"。而真正的强者,则坚信一句话:成功之路,一般是少有人走过的路。

小贴士

如果你不甘平庸,如果你渴望在职业发展的道路上收获成功带来的喜悦,那么就要敢于走出第一步。

 小实验

下面是10个题目,如果符合你的情况,则回答"是",不符合则回答"否",拿不准则回答"不确定"。

1. 你认为那些使用古怪和生僻词语的作家,纯粹是为了炫耀。
2. 无论什么问题,要让你产生兴趣,总比让别人产生兴趣要困难得多。
3. 对那些经常做没把握事情的人,你不看好他们。
4. 你常常凭直觉来判断问题的正确与错误。
5. 你善于分析问题,但不擅长对分析结果进行综合、提炼。
6. 你审美能力较强。
7. 你的兴趣在于不断提出新的建议,而不在于说服别人去接受这些建议。
8. 你喜欢那些一门心思埋头苦干的人。
9. 你不喜欢提那些显得无知的问题。
10. 你做事总是有的放矢,不盲目行事。

以下是创新思维能力测试评分标准:
题号后分别为"是"、"不确定"与"否"的评分
1. −1　0　2
2. −　0　1　4
3. −0　1　2
4. −4　0　−2
5. −1　0　2
6. 3　0　−1
7. −2　1　0
8. 0　1　2
9. 0　1　3
10. 0　1　2

评价

得分 22 分以上，说明被测试者有较高的创造思维能力，适合从事环境较为自由，没有太多约束，适合对创新性有较高要求的职位，如美编、装潢设计、工程设计、软件编程人员等。

得分 11~21 分，说明被测试者善于在创造性与习惯做法之间找出均衡，具有一定的创新意识，适合从事管理工作，也适合从事其他许多与人打交道的工作，如市场营销。

得分 10 分以下，说明被测试者缺乏创新思维能力，属于循规蹈矩的人，做人总是有板有眼，一丝不苟，适合从事对纪律性要求较高的职位，如会计、质量监督员等职位。

探索自我，明确目标

Part 2

世界上没有两片完全相同的树叶，同样也不会有两个完全相同的人。"我"是独一无二的。我们每一个人出生和成长在不尽相同的环境和教育背景之中，形成了自己的个性，有自己的能力和特长，独特的性格和兴趣，也有自己的各种需要。每个人进行生涯规划时，必须考虑到自己的独特之处，每个人都是自己人生舞台上独一无二的主角。所以说，想要成功规划自己的一生，首先必须去探索自己、发现自己、了解自己。也就是说，认识自我是生涯规划的重要基础，你能不能打好这个基础，将关系着你的生涯发展能不能取得成功。

本章将提供一面"镜子"，带领你对自己作一番深入的探索，当一个人能够充分地认识自己的性格特征、知道自己的兴趣所在、了解自己的能力倾向、明白自己的价值观时，就比较容易找到自己的生涯规划的目标，确定具体策略，进而规划出一个适合自己、让自己满意的未来。

第一章 我的个人特色有哪些

人,最难了解的是自己,但必须了解的也是自己。每个人都有自己的长处,同时也有自己难以克服的缺点,规划自己的未来必须结合自身的特点。因此,认识自我是职业规划的第一步,也是最重要的一步。只有真正了解自己,才能拥有正确的职业定位,进而在个人的职业生涯和发展中取得成功。

 话题 1 评估你的"自主性"

 案例分享

在学校今年 3 月份举办的人才招聘会上,毕业生李娜的父母在招聘会尚未开始时,就早早地到会场打听单位的情况。

而招聘会开始很久以后,李娜才姗姗来迟,并由家长陪同前往用人单位摊位前面谈。面谈过程中,李娜发言的时间还没有其父母多,结果谈了一家又一家,最终仍一无所获。

 思维激荡

李娜的父母为什么出现在招聘会上?

李娜为什么最终一无所获?

 理论工具箱

李娜的问题在于择业过程中过分地依赖他人。依赖他人是难以选择到一份满意的工作的。现在的毕业生中,独生子女所占的比例越来越大,他们的生活往往一帆风顺,没有经历过什么波折,再加上父母的过分呵护,客观上也培养了他们的依赖心理,使他们自我意识模糊,在择业中常会茫然不知所措,自己独立进行择业决策的能力差,以致在人才市场上,父母代替子女、亲友代替本人与用人单位洽谈的场面屡见不鲜。

对李娜的忠告:

你的独立意识在苏醒。上了技师学院后,挣脱了父母、中学教师的管教和约束,你强烈地要求摆脱依赖性和幼稚性,独立安排自己的学习和生活;你要求取得与成年人同等的权利;你开始关心国家大事,对社会和自我有了越来越强的责任感。

但同样无法摆脱的还是依赖性。独立意识是建立在独立生活能力和社会经验上的,而这两点却正是你所缺少的。首先,在经济上你过着父母掏钱我花钱的"独立自主"的生活。其次,由于生活经历简单,社会经验十分缺乏,你还难以独立客观地处理好各种事情。

在学生时代,一个人可以更深层地获得知识和生存技能,但是扎根在内心深处的依赖情结,会使一个个有充分潜能的学生不但成不了人才,反而会落入依赖的泥潭,不能自拔。你应该把握青春这个黄金时期,塑造一个全新的自己,在追求知识的同时,也要培养自主意识,实行自我管理,培养自己成熟、健全的人格。只有这样才能逐步完善自己,才能对未来建立清晰的追求目标。

 小贴士

> 一个能思想的人,才是一个力量无边的人。
> ——(法)巴尔扎克
>
> 不登高山,不知天之高也;不临深溪,不知地之厚也。
> ——《荀子》

 小实验

独立还是依赖是衡量一个人个性心理特征的重要标尺,独立性强的人自己作出判断,独立完成自己的工作;而依赖性强的人则处处附和众议,甚至为了取得别人的好感放弃个人的主见。下面一组测试可帮助你了解你的自主性如何。

1. 在工作中,你愿意(　　)
   A. 和别人合作。

B. 不确定。

C. 自己单独进行。

2. 在接受困难任务时,你总是(　　)

A. 有独立完成的信心。

B. 不确定。

C. 希望有别人的帮助和指导。

3. 你希望把你的家庭设计成(　　)

A. 拥有其自身活动和娱乐的自己世界。

B. 介于二者之间。

C. 邻里朋友交往活动的一部分。

4. 你解决问题,多借助于(　　)

A. 个人独立思考。

B. 介于二者之间。

C. 和别人展开讨论。

5. 在社团活动中你是不是一个活跃分子?(　　)

A. 是的。

B. 介于二者之间。

C. 不是的。

6. 到一个新城市找地址,你一般是(　　)

A. 向人问路。

B. 介于二者之间。

C. 自己看市区地图。

7. 你的学习多依赖于(　　)

A. 阅读书刊。

B. 介于二者之间。

C. 听老师讲或参加集体讨论。

同学间根据测试结果互下结论

此同学性格特点是_____

_____

_____

_____

话题2　搜索独一无二的"我"

案例分享

一次特殊的人才选拔

某公司总经理想从自己所信任的小张、小王和小顾三位助手中,分别选拔一位财务总管、一位业务推广部经理和一位企划部主任。但他们三人所学专业近似,工作经历也相仿,总经理不知道他们各自更适合哪个岗位。经过一番苦思冥想,总经理终于想出了一个考察的锦囊妙计。

一天晚上,他通知三位助手下班后留在公司加班,要与他一起研究下个月的工作。然而,就在他们一起研讨工作的过程中,突然,公司的火灾报警器响了起来……

小张连忙站了起来,对大家说:"好像发生火灾了,快!安全第一,我们赶快离开这儿!"

小王一言不发,马上跑到公司的角落里,迅速打开了灭火器,开始寻找火源。

小顾仍然坐在自己的座位上,不紧不慢地说道:"没关系,可能是报警器出了问题,没有烟雾,也没有焦味,不可能是火灾,这儿很安全。"

总经理在旁边始终不动声色,仔细观察三位助手的表现,最终他找到了问题的答案。

原来这是一次事先"精心预谋"的火灾警报,总经理是想了解三位助手的性格特点,安排他们在各自的岗位上发挥自身优势,人尽其才。

思维激荡

1. 从三位助手的性格特征看,你认为他们各自适合什么岗位?

2. 你觉得你了解自己的性格吗?

理论工具箱

性格是一个人在生活中形成的对现实稳固的态度以及与之相应的行为方式。性格是建立在先天素质的基础上的,但受后天环境的影响很大,是可以改变的。

每个人都有属于自己的性格,通常只分为"外向"和"内向",但是,如果将性格的种类进行细分,那么就远不止这两种。每一种性格的人都有与其最为匹配的职业。在进行职业选择的时候,一个人必须充分考虑自己的性格因素,这样才能最大限度地发挥自己的才能。常见的性格类型及适合的职业类型如表。

常见性格类型及适合的职业类型

类型	特征	职业选择
变化型	在意外的活动或新的工作环境中感到愉快,喜欢富有变化的和多样化的工作,容易转移注意力。	记者、推销员、演员
重复型	喜欢按固定的计划或进度办事,喜欢重复、有规律、有标准的工种。	纺织工、机床工、印刷工、电影放映员
服从型	愿意配合别人或按人指示办事,而不愿意自己独立做出决策或承担责任。	办公室职员、秘书、翻译
独立型	喜欢计划自己的活动和指导别人活动,喜欢对未来的事情做出决定,喜欢独立行事。	管理人员、律师、警察、侦查员
协作型	当与人协同工作时会感到愉快,善于引导别人,并想得到同事们的喜欢。	社会工作者、咨询人员
劝服型	通过谈话或写作等使别人同意自己的观点,对别人的反应有较强的判断力,并善于影响别人的态度和观点。	辅导员、行政人员、宣传工作者、作家
机智型	在紧张和危险的情况下能控制好情绪,沉着应对,发生意外和差错时,不慌不忙,能够出色地完成任务。	驾驶员、飞行员、消防员、救生员
自我表现型	喜欢表现自己,根据自己的感情做出选择,并通过自己的工作来变现自己的思想。	演员、诗人、音乐家、画家
严谨型	注重工作过程中的各个环节、细节的精确性。愿意按一套规划和步骤将工作尽可能做得完美。	会计、出纳、统计员、校对员、打字员

性格没有好坏之分。在适合的岗位上工作,一个人就能发挥其性格特长并如鱼得水;而在不适合的岗位上工作,则有可能因性格与其职业格格不入而碌碌无为。

小贴士

> 如果你觉得能行,就行;你觉得不行,就不行。
> ——(美)玛丽·凯·阿什
> 你认为自己是什么样的人,你就将成为什么样的人。
> ——(俄)安东·契诃夫

小实验

一、特质大搜索

配对游戏——动物想象,从动物到人

在我们的心目中,动物也有一定的性格特点。请同学们把以下动物和它们对应的个性特点用线连起来。

猪　　　狂野　　补充_____
鼠　　　胆小　　补充_____
牛　　　狡猾　　补充_____
马　　　忠实　　补充_____
羊　　　凶狠　　补充_____
猴　　　灵敏　　补充_____
狐狸　　温顺　　补充_____
虎　　　勤劳　　补充_____
狗　　　懒惰　　补充_____

上面哪些动物的个性是你所喜欢的?哪些动物的个性是你不喜欢的?你能把这些动物的特性补充完整吗?

二、人格特质大访问

特质清单

□有恒心的	□顺从的	□冲动的	□有谋略的
□爱争辩的	□冷漠的	□理性的	□富有想象力的
□善解人意的	□活跃的	□友善的	□好奇的
□固执的	□实际的	□爱冒险的	□情绪化的
□爱动脑的	□慷慨的	□有说服力的	□周到的

| □爱幻想的 | □沉着的 | □有野心的 | □细心的 |
| □搞笑的 | □含蓄的 | □独立的 | □有艺术细胞的 |

对照这张人格特质表，你觉得其中的哪些特质与自己是比较符合的？
_____

你的爸爸妈妈常说你是什么性格？你的同学认为你有哪些特质？
_____
_____

试着与你的朋友讨论一下：
人的性格真的无法改变吗？

_____
_____
_____
_____
_____
_____
_____
_____

第二章　我现在距离目标还有多远

在制定职业生涯规划时,确立志向和目标,是一个关键环节。

目标就是未来可能出现的实际情况,目标就是冲向未来的导航灯。

有些人不愿意制定职业规划,因为这涉及做出具体的决定,这些人认为选择一个具体的目标,也就意味着放弃追求其他目标的机会,而且担心如果达不到预期的目标,会对其个人的理想和信念造成巨大的打击。

话题 1　有方向,不迷途

案例分享

在一次大型招聘会上,毕业于某高职院校的小何向一家知名汽车公司申请了一个机械工程师的岗位。他学的是机械专业,在上学期间,各门功课都很优秀,从这个角度上来讲,小何成功应聘这家公司的机会很大。但是,在毕业后五六年的时间里,他从事过医药、空调、摩托车等产品的销售和主管工作,虽然工作经验丰富,但是缺少机械方面的工作经验。招聘者看了他的情况后遗憾地表示,如果他毕业后从事过机械方面的工作,那么,他会是公司最需要的人才,但是,由于他缺乏这方面的工作经验,因此,公司无法录用他。

思维激荡

1. 小何没被录用的原因是什么?

2. 小何的工作经历说明什么?

理论工具箱

小何的例子表明,很多学生就业盲目,缺乏长远的打算以及明确的职业发展方向,很多人毕业时没有认真地对自己的职业能力进行分析和思考,随便找了个工作,并频繁地更换工作,以致到了30岁还没有明确的职业定位。这些人虽然干过很多工作,什么都会一点,但是对哪一门都算不上是行家,也没有其他的过人之处。在这种情况下,继续"晃荡"下去出路不大,重新定位又要花费很大力气。

事实上,无论处于何种职业领域,都需要三至五年的时间来打磨自己,才能蜕变成一个真正的行业精英。长期的实践和坚持将完全改变你对工作的态度,并会使你从平凡逐渐走向成功,而这无疑需要一个明确的职业发展方向作为指引。

 小贴士

> 《流浪者之歌》中有这样一段话:"大多数的人就像是落叶,随风飘荡、翻飞、荡漾,最后落到地上。一小部分人像是天上的星星,在一定的途径上行走,任何风吹不倒他们,在他们的内心中有自己的目标和方向。"
> 越早建立自己的职业目标,就会越早拥有指引你航行的那盏明灯。

 小实验

请认真阅读以下案例,并尝试写出你从中得到的启示。

曾有人做过一个实验:组织3组人,让他们分别向10公里以外的三个村子步行。

第一组的人不知道村庄的名字,也不知道路程有多远,只告诉他们跟着向导走就是。刚走了两三公里就有人叫苦;走了一半时有人几乎愤怒了,他们抱怨为什么要走这么远,何时才能走到;有人甚至坐在路边不愿走了,越往后走他们的情绪越低落。

第二组的人知道村庄的名字和路段,但路边没有里程碑,他们只能凭经验估计时间和距离。走到一半的时候大多数人就想知道他们已经走了多远,比较有经验的人说:"大概走了一半的路程。"于是大家又簇拥着向前走,当走到全程的四分之三时,大家情绪低落,觉得疲惫不堪,而路程似乎还很长,当有人说:"快到了!"

大家又振作起来加快了步伐。

第三组的人不仅知道村庄的名字、路程,而且公路上每一公里就有一块里程碑,人们边走边看里程碑,每缩短一公里大家便有一小阵的快乐。行程中他们用歌声和笑声来消除疲劳,情绪一直很高昂,所以很快就到达了目的地。

你得到的启示

话题2　目标贵在坚持不懈

案例分享

王石曾经讲述过自己这样的一段经历。登珠穆朗玛峰时,在海拔将近8000米的营地宿营,夕阳血红,非常漂亮。同伴们都出去看,并招呼王石出去:"风景这么好,王总快出来。"王石没吭声。过了20分钟,他们又说:"你再不出来会后悔的,这是我们登了这么多山后所看到的最美的风景。"王石说:"老王说不出来就不出来。"

为什么不去看夕阳呢?因为王石在保持体力。"我知道我的目标只是登顶珠穆朗玛峰,任何与登顶无关的、消耗体力的事都一概不做。整个登顶过程中,我一直保持这个原则。"

而在当时的登山队伍中,有一个队员比王石小10岁,体力非常好,是国家级的登山运动健将。他被寄希望第一个登顶,但是他却没有成功,这是因为在登山的过程中,他要接受记者采访,每天要回答网上的帖子,还要跟踪拍摄登山过程并将一些图传回家乡城市的电视台。这些都消耗了他不少的精力和体力,到8300米时,他的体力已消耗殆尽。

 思维激荡

1. 王石为什么坚持不出去看风景?

2. 那个比王石小10岁的队员为什么会失败?

 理论工具箱

能够坚持自己目标的人,大多意志力坚定,并且非常清楚自己的最终目标是什么,不管在实现目标的路上遇到怎样的艰难险阻,都能够排除阻力,一心朝着目标走下去。没有这种恒心和毅力的人,永远是目标的奴隶,而不会成为目标的主人。

坚持一个目标确实不容易,有的时候很容易就会被周围的人和事干扰,因而忘记了自己的最初目标,在半途中失败。例如,有一个年轻人在一家即将上市的公司工作了3年,面对着公司遥遥无期的上市计划,终于决定辞职。可是就在他离职半年后,公司上市后,那时与他一样持有期权的同事们转眼身价翻倍。他不禁哀叹,自己当初要是再坚持一下就好了。

 小贴士

伟大的哲学家柏拉图说过这样一句话:"成功的唯一秘诀就是坚持到最后一分钟。"当你选定目标后,就不要轻言放弃;当你在路上遇到困难的时候,要告诉自己,再坚持一下就能战胜它。

小实验

一、同学们,请针对下列问题,诚实地检查现阶段的自己,为自己做一个总体检查。请在适当的空栏中打钩。

检查项目	非常满意	满意	不太满意	非常不满意
1. 我常看生涯规划的书				
2. 我常看生涯规划的文章				
3. 我常听生涯规划的演讲				
4. 我的父母关心我的前途				
5. 我的父母会和我讨论未来的发展				
6. 我的父母不听我的看法				
7. 我的前途都由父母决定				
8. 我的老师关心我的前途				
9. 我的老师会和我讨论未来的发展				
10. 我的老师会指导我未来的道路				
11. 我常去学校图书馆看书				
12. 我常上网查阅生涯规划咨询				
13. 我知道如何查询求职技巧				
14. 我知道如何查询休闲去处				
15. 我喜欢目前的学校生活				
16. 我已经找到自己的目标方向				

二、自我对话

(一)非常满意的有_____项,满意的有_____项,不太满意的有_____项,非常不满意的有_____项。

(二)我的优点:_____
_____

(三)我的缺点:_____

(四)设定目标:请同学针对自己的优缺点,写下你本学期要努力的目标

探索自我，明确目标

重点：
_____
_____
_____

 话题 3 学会将目标分解

案例分享

古印度有个捕捉猴子的神奇方法：在猴群经常出没的原始森林里，放上一张装有抽屉的桌子，抽屉里放一个苹果或者桃子，然后，将抽屉拉开到猴子的手能插进去却不能将苹果或桃子拿出的程度，猎人便可远离桌子，静静地安心守候。每一次，猎人都能看见这么一幅可笑的画面：猴子将手伸进抽屉里取桃，桃子却怎么也取不出来，而猴子却死活不肯放手，于是，贪婪的猴子急得两眼冒绿光却一筹莫展。这种古老的捕猴方法使很多聪明的猴子成了猎人的猎物。

后来，一只在附近活动了很久的老猴子，探头探脑地走到桌子旁边。它先将一只手伸进抽屉里取苹果，由于苹果太大，抽屉缝又小，任它怎么努力还是取不出苹果。于是老猴子又将另一只手也伸了进去，两只手快速地在抽屉里翻动。不一会，一个又大又圆的苹果，被它用尖利的指甲抠成一堆苹果碎块，然后这只老猴子用手掏出抽屉里的苹果碎块有滋有味地吃起来。吃完后，它便心满意足地扬长而去。

 思维激荡

1. 老猴子和小猴子的区别在哪里？
_____

2. 老猴子为什么能够成功吃到苹果？
_____

理论工具箱

  这只聪明的老猴子将苹果抠成碎块,化整为零,得到了食物。职业生涯规划又何尝不是如此呢?许多人因为贪婪,将自己的一生紧紧系在一颗硕大的成功果实上,结果就像那些紧紧抓住桃子而束手就擒的猴子一样,忙碌了一生,却连桃子皮都没尝到。另一些人知道先将成功的果实一点点分解,虽然每次得到的只是微不足道的一点点,但通过一次又一次的积累,他们最终获得了成功。

  在通往成功的路上,肯定会有很多困难。大多数人之所以会失败并不是因为世界上有许多克服不了的困难,而是因为他们以为困难难以克服、不可战胜才放弃努力。分解目标就是将困难最小化,以消除畏难情绪。每天完成一部分,每天进步一点点,积小快乐为大快乐,积小成功为大成功。

 ## 小贴士

>   每个决心获得成功的人都应知道,进步是一点一滴的努力得来的,每个重大的成就都是一系列成就积累而成的。把大目标分解成一个个小目标,使人们只关注下一步。一步一步地做下去,积小成功为大成功,这是实现任何目标的唯一聪明的做法。
>
> ——拿破仑·希尔

 ## 小实验

测试你的潜意识职业目标:
你最希望在公园看到什么有意思的建筑物?
1. 童话式的糖果屋。
2. 充满SPA禅风的木屋。
3. 有牛有羊的牧场。
4. 富有人文气息的庙宇。
5. 豪华独栋的别墅。

测试结果:
1. 选"童话式的糖果屋"。

你未必不切实际,但你有时会有逃脱现实的渴望,与其说你期待在事业上有所成就,不如说你更希望有一个人,能成全你、了解你。

2. 选"充满SPA禅风的木屋"。

你对物质的享受其实并不那么留恋,物质不过是你实现心灵的用具。你在事业上对自己会有"做什么就要像什么"的期许。

3. 选"有牛有羊的牧场"。

你是一个能够同时兼顾事业的理想和家庭幸福美满的人,对你而言,事业与家庭有一项不完满,都是莫大的缺憾。

4. 选"富有人文气息的庙宇"。

你的事业将不会循着前人铺好的规则走,你的内在风格独特,在事业上将有一番不同于社会现状的作为。

5. 选"豪华独栋的别墅"。

你对事业有一番期许,理想高远,希望自己能达到一定的社会地位,另外你也希望自己的经济能力能够同样高人一等。

第三章 我可以从哪些方面实现自我价值

人生什么最重要？是名，是利，还是健康、快乐、幸福？人的一生从小到大，从年轻到年老，不断地成长、打拼、发展，不管未来多么有名利，多么有威望，其最终的目的还是在追求健康幸福，拥有快乐的人生。

什么是快乐？什么是幸福？众说纷纭，莫衷一是。因为快乐要靠自己去感觉，幸福要靠自己去诠释，别人怎么想，怎么看，对自己一点都不重要。快乐幸福根植于每个人对人生所持有的看法，对生活所持有的态度，以及自己所建构的价值观念。

你快乐吗？你想拥有快乐的人生吗？首先你必须理清自我的价值观念，掌握自己追求的目标，既不膨胀贪婪，也不自暴自弃，真诚地关怀别人，方能让自己享受美好时光，活出快乐人生。

话题 1　价值观决定职业生涯

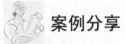

案例分享

有一个美国商人坐在墨西哥海边的一个小渔村的码头上，看着一个墨西哥渔夫划着一艘小船靠岸。小船上有好几条金枪鱼，这个美国商人对墨西哥渔夫能抓住这么高档的鱼深表赞赏，还问要用多少时间才能抓住这么多鱼？墨西哥渔夫说："才一会工夫就抓到了。"美国商人又问："你为什么不待久一点，好多抓一些鱼？"墨西哥渔夫对此不以为然："这些鱼已经足够我一家人生活所需啦！"美国商人又问："那么你一天剩下的时间都在干什么？"墨西哥渔夫解释说："我每天睡到自然醒，出海抓几条鱼，回来后跟孩子们玩一玩，再跟老婆睡个午觉，黄昏时到村子里喝点小酒，跟朋友们玩玩吉他，我的日子过得既充实又忙碌呢！"

美国商人说："我是美国哈佛大学企业管理专业的硕士，我认为你每天应该多花一些时间去抓鱼，到时候你就有钱去买一条大一点的船，自然你就可以抓到更多的鱼,买更多的渔船。然后你就可以拥有一支渔船队。到时候你就不必把鱼卖给鱼贩子,而是直接卖给加工厂,然后你可以自己开一家罐头工厂,控制整个生产过程。等赚足了钱,你就可以离开这个小渔村,搬到墨西哥城,再搬到洛杉矶,最后到纽约,并不断扩充你的事业。"

墨西哥渔夫问到:"这要花多少时间呢?"美国商人说:"15年到20年。"墨西哥渔夫问:"然后呢?"美国商人大笑着说:"然后你就可以在家当皇帝啦!时机一到,公司便可上市,你公司的股份将被卖给投资大众,到时候你就发财了!你可以赚很多钱!"

墨西哥渔夫问:"然后呢?"

美国商人说:"到那个时候你就可以退休啦!你可以搬到海边的小渔村去住。每天睡到自然醒,出海随便抓几条鱼,跟孩子们玩一玩,再跟老婆睡个午觉,黄昏时,到村子里喝点小酒,跟朋友们玩玩吉他!"

墨西哥渔夫疑惑地说:"我现在已经过这样的生活了啊!"

思维激荡

1. 墨西哥渔夫和美国商人有何不同看法?

2. 墨西哥渔夫为什么会感到疑惑?

理论工具箱

从这个故事可以看出,每个人由于自身价值观的不同,对人生的看法就会不同。有的人终其一生都在追求金钱和地位;有的人却愿意在小城镇过着安逸的小日子。无论追求哪一种生活,都没有绝对的对与错,重要的是自己内心能够获得一份快乐和满足。

从价值观的角度来说,职业发展成功与否的判别标准在于你是否过上了你想要的生活,你的生活方式是否符合你的价值观。如果符合,你就会感到快乐,哪怕收入相对低一些;如果不符合,你会感觉很痛苦,即使你拿着高薪。有的人在刚刚工作的时候,遇到那些拿高薪的人,总是很羡慕;有的人心态就比较平和,因为他们懂得"舍得"的关系。有些人虽然拥有高薪,但有时也会失去很多。在职业发展上,我们没有必要去羡慕别人,因为有得必有失,反之亦然。你可能得到的是一个高薪的职位,但失去的是时间;你可能无法成为一个好领导,但会成为一个好父亲。关键是你得到的正好是你想要的,而你失去的正好是你并不在意的。

职业发展的好坏不能用挣钱的多少来衡量,那不应该成为我们职业上的目标。很多真正成功的职场人士在职业生涯的早期,并没有单纯地考虑金钱的多少,而是去追求自己的梦想,按照自己的价值观去发展。应该说,这样做的人更容易成功。

 小贴士

> 有什么样的决定,就会形成什么样的命运,而主宰我们做出不同决定的关键因素就是个人的价值观。一个人要想做出科学合理的职业生涯规划,就必须知道自己的价值观,同时按照这个价值观去工作和生活。

 小实验

1. 测测你的职业价值观

游戏:

请你凭着你的感觉去抓以下几样东西:

扳手　试管　口琴　麦克风　原子笔　洋娃娃

测试结果:

扳手:耐劳、有操作机械的能力,喜欢做和物体、机械、工具、动物和植物有关的工作,是勤奋的技术家,如农、牧者、机械师、电器师或匠人。(实用型、经济型)

试管:有数理能力和科学研究精神。喜欢观察、学习、思考、分析和解决问题,是重客观的科学家,如生物、医学、化学、物理、人类学家。(研究型、理论型)

口琴:有艺术、直觉和创作能力,喜欢运用想象力和创作力,从事美感的创作,是表现美的艺术家,如作家、音乐家、画家、设计师。(艺术、审美型)

麦克风:有领导和说服他人的能力,喜欢以影响力、说服力和人群互动,追求政治或经济上的成就,是有自信的领导者,如企业家、政治家、法学家。(企业型、政治型)

原子笔:有敏捷的文字和计算能力,喜欢处理数字和文字资料,注意细节,按照指示完成琐碎的事,是谨慎的事物家,如会计师、银行职员、财税专家、文书人员、秘书、资料处理人员。

洋娃娃：有教育、宽容以及与人相处的能力，喜欢与人接触，以教育或者是协助的方式，增加他人的知识、自尊心、幸福感，是教育或社会工作者，如教师、心理治疗师、辅导或社会工作人员。

2. 职业价值观的自我检核

根据对不同职场中人们的工作价值观的调查，有如下的职业价值观类型，请你自己对照这些类型，在主导自己行为和想法以及自己认可的生涯价值观后打钩，然后整理、理清自己的价值观。

审美性：很重视美感，希望自己做出来的东西都能带有一些美感和艺术气息，追求美感的呈现，不喜欢简陋、平板的事物。（　　）

职场物质环境：选择工作时，会特别注意该工作所提供的工作环境。喜欢在安静、舒适的环境下工作，也会尽量去经营自己的工作环境，使它更舒适而适合自己的工作。（　　）

威望：较看重自己的尊严和威望。希望所从事的工作能给自己带来好的名声，也因此希望获得别人的尊重和肯定，对社会地位更高的职位比较有兴趣。（　　）

利他主义：有较明显的理想性格，工作的目的是为了造福人群，喜欢从事能够帮助别人的工作，希望因自己的付出而让社会更美好。（　　）

自主性：能安排自己该做的工作，很有主见，别人的意见通常只是仅供参考，坚持己见是常有的事。（　　）

挑战性：喜欢面对不同的挑战，宁愿失败也不愿意守旧，喜欢向自己的极限挑战，不断超越自己的成就。（　　）

心灵成长：希望能在工作中促进自我成长，并通过工作认识各种不同个性和生活背景的人。（　　）

变异性：希望自己的工作是多姿多彩，丰富变化的，不喜欢每天做同样的事情，更讨厌呆板、单调。（　　）

安定性：较注重工作的安定、稳定，而不是冒险，不希望经常调换工作，很少想要调工作。（　　）

实现性：工作的目的在于能够表达自己的想法和看法，喜欢能表现自我风格的工作，更希望能将个人理念透过工作而付诸实现。（　　）

升迁即个人发展：较重视工作的长期发展，在考虑选择工作时，会以升职、进修、在职训练机会较多，或者有发展趋势来选择工作。（　　）

专业表现：希望在自己的工作中发挥所学，实现自己的专业理想，因此，一份适合自己的兴趣、个性，展现自己能力，发挥专长的工作是最吸引人的。（　　）

生活安适:最重视能过安适的生活,不希望辛苦、挑战,不希望因为工作而让自己的生活太过辛苦、紧张,认为工作应该轻松、愉快,过得去就好了。(　　)

休闲时间:较重视假期,希望有较多、较长的假期,无法接受忙碌得几乎没有休假的工作,也不希望工作会妨碍到自由自在的生活。(　　)

话题2　做自己最擅长的事

案例分享

2006年,在《鲁豫有约》节目中,李彦宏第一次在公开场合谈起了自己成功的秘诀。

20年来,李彦宏一直在用自己的实际行动证明着这句话:人一定要做自己喜欢并擅长的事情,不要离开自己喜欢的行业半步。

自百度2005年在美国上市后,就不断有人劝李彦宏说:"百度有钱了,应该涉足网络游戏,多个赚钱的业务!"那时网游在中国非常热,国内的互联网纷纷加入网游运营商的行列。然而,李彦宏的回答却始终是"NO",理由很简单——这并不是他所擅长的事情。

2007年,中国一家自主研发在线游戏的门户网站的收入达到上千万美元,在纳斯达克一时激起千层浪,一种坐拥用户群就可以获得丰厚回报的盈利模式出现在大家眼前,业界的大公司纷纷把网游定位为战略级产品,部署重兵。

有一天,有人拿着一组数据翔实的调研报告来找李彦宏,这个人说:"从百度社区的用户来看,其中很多人都是网络游戏的玩家,他们每天花在网络游戏上的时间比搜索信息的时间都长,既然用户有这方面的需求,我们是不是可以尝试涉足网游呢?"

李彦宏仔细地看完数据,反问道:"数据确实证明了需求的存在。但是我们做网游的优势又在哪呢?"

"我们有用户啊,只要有用户,有需求,就可以运营起来了。"

李彦宏摇了摇头,说道:"刚回国的时候我已经看出中国网民对网络游戏的热情高于其他国家。但我自己从来不玩网游,很长时间都搞不懂网游。我想,对于这种自己既不喜欢,又不擅长的事,即使商机摆在那儿,我也肯定做不过真正喜欢它的人。所以我选择了'搜索'。今天你让我选,我还是会这样选择。"

"这个行业的利润比我们做搜索高多了,我们有这么充足的用户,不做太可惜了。"

李彦宏想了想说:"那么,我们可以尝试通过合作的方式,为网游厂商提供一个推广平台,让真正喜欢的人来做他们擅长的事,我们只在里面起间接作用吧!"

于是,作为推广平台,百度游戏频道诞生了。

出于同样的原因,在2003年、2004年的时候,好多人劝百度投入SP(移动互联网内容应用服务的直接提供者)业务"捞钱"时,李彦宏都以"这不是百度擅长的事"为由拒绝了。正是这样的取舍,使李彦宏能够专注于自己喜欢且擅长的搜索领域,并使百度在今天的市场上占有领先地位。

 思维激荡

1. 李彦宏一直不同意做网络游戏的原因是什么?

2. 李彦宏面对可以多赚钱的业务时为什么会无动于衷?

 理论工具箱

做自己最擅长的事情,你会感觉得心应手,很轻松;做自己不擅长的工作,会很吃力。做自己最擅长的事情比较容易成功,因为擅长,所以你有信心比别人做得更好。

人的一生无非是追求快乐,而快乐建立在自我价值的实现上。做自己最擅长的工作能大大地发挥你的潜力并实现你的价值,你会为自己取得的成绩感到快乐和骄傲。

 小贴士

职业生涯规划的目的,不是要你变成另外一个人,而是要你变成最好的自己。因此,你要搞清楚自己的优势在什么地方,并做自己喜欢和最擅长的工作。不要羡慕别人,不要绞尽脑汁地琢磨如何才能同别人一样优秀,不要幻想成为别人,要做最好的自己。

小实验

1. 在你的头脑中绘制一幅你做自己喜欢的事情的画面。若是你认为自己不善于描绘画面,你可以通过感觉加深这个印象。然后试着从某个角度去改变这个画面。如果这个画面是彩色的,你可以试想:把它变成黑白的会是什么样子呢?改变它的大小,你又注意到什么了呢?

_____
_____
_____

2. 想出一个你喜欢听的声音。在你的头脑中倾听这种声音,仿佛它在对你说话一般。试着把它的速度减慢,或是把它的音量放得更大。试着把这个声音改变成卡通人物,或是那个总找你麻烦的老师的声音。最后再换成另一种悦耳的声音。

_____
_____
_____

3. 回忆那些使你欣喜若狂或心满意足的时光,并记住你当时的感觉有多么的好。如果这种感觉现在重现会怎么样?

_____
_____
_____

第四章　我要塑造崭新的形象

形象，一般是指能引起他人的思想和感情活动的具体形态和姿态，也可以说是个人的思想、意识、言论、行为在他人心目中的投影。完美的形象是由诸多因素构成的，是人的体格形态、长相肤色、兴趣爱好、性格气质、精神境界、思想意识等的集合体。形象决定着我们相信自己所做、所言和所感之事，涉及我们的动机、知觉和对待人与事的态度，影响着周围之物并受其影响。

当代技工院校学生要使自己成为社会主义建设急需的合格人才，在学习期间，就应塑造好自己"美"的形象，这是学生自我发展、进步的标志，也是学生渴望成才，准备为社会多作贡献的表现。因此，学生的形象要靠自己在生活实践中塑造。按社会需要塑造自己的形象；从现在做起，从我做起，从点滴做起；目标始终如一，持之以恒。

 话题 1　准确定位职场角色

 案例分享

小许已经毕业3年了，无论在同学还是同事眼中，小许都是一位非常有才能的人。在大家看来，小许的前途一片光明。可近日，小许却向公司领导递出了辞职信。工作3年来，这已经是小许第八次跳槽了。

26岁的小许看起来比同龄人要成熟很多。小许说："在小时候父母就教导我，只有知识才能改变命运。"他当时是以家乡高考状元的成绩考到上海。可现在学到的知识，正想改变命运时，他才发现一切并没有想象中那么简单。

小许获得第一份工作时十分开心。小许说，当时是去一家民营企业应聘，老板亲自面试，非常中意他。面试结束后，老板还特别说了这样的一句话："小许，你肯定前途无量，说不定我们这个'庙'太小了，供不起你。不过我仍然希望你能够加入我们。"小许说，当时他真的很感动。小许暗下决心，今后就跟着老板干。然而，让小许没想到的是，工作一个月后，小许发现老板每次在会见客户时，都会肆意夸大自己公司的实力，说自己有多么神通广大。老板在他心中的形象一下就被击垮了。思前想后,小许最终决定辞职。

小许的第二份工作是做市场调研,对于新的工作小许充满激情。市场调研虽然辛苦,但小许说他很喜欢这样具有挑战性的工作。然而,好景同样不长。小许说:"为什么领导的决策明明是错误的,下面的人还很坚决地去执行呢?"小许的上司在决定很多事情时,主观意识很强。每当这时,小许心里便难受极了,最开始小许找上司谈话,上司还很认真地听听,可后来,上司越来越不耐烦了,只叫小许做好自己的事。"这怎么行呢?我无法容忍他错误的决定。"小许坚定地说道。

就这样,每到一个公司,小许都会有这样、那样的不适应,这导致他总是频繁地更换工作。

思维激荡

1. 小许频繁更换工作的原因是什么?

2. 小许的问题出在哪里?

理论工具箱

小许的问题主要表现为对职业不适应,也就是很难融入到新的团队中。具体来讲,主要表现在对角色认识不清上,即角色错位,自视甚高,不切实际。想想看,一个老板怎么会让一个普通的操作层、执行层的人过多地干涉自己的决策呢?更何况领导的意志和习惯哪是一个新人能左右的?

总的来讲,小许可能智商很高,但情商很低。摆不正自己的位置,分不清自身的角色,管不该管的事,而自己的事却不一定能做好。长久下去,自然不受同事欢迎,领导也不会喜欢。最终的下场便是走人。

对小许的忠告:职场中有一些方法可以帮助新人快速在新团队中成长,其中最重要的有三点:首先,要建立职业角色意识,分清自己该做什么,不该做什么;其次,要建立良好的人际关系,这是群众基础;最后,努力工作,做出实实在在的成绩是职业稳定的根本保证。我们相信如果小许在这几个方面都能做得很好,那么有些问题自然就迎刃而解了。

当你认为自己是块金子,只是别人尚未看到自己的光芒时,不妨静下心来,仔细想想,自己这块金子到底有哪些隐藏的问题,然后将它们一一找到并解决。唯有如此,你的光芒才能显现并被周围人发现。

小贴士

> 很多职场新人,参加工作前对未来是抱有很大抱负和理想的,对工作期望较高,但对现实估计不足。实际参加工作后,尤其是最初几天,由于对工作还不熟悉,老板一般不会安排实质性的或是重要的工作给新人,很多新人最初只是做些打杂工作,为此很多新人心理上会形成很大落差,感觉这份工作埋没了自己的才华。建议职场新人在踏上工作岗位后,首先要降低心理预期,根据现实的环境调整自己的期望值和目标。
> ——刘永青(联想集团人力资源组织发展与管理运营总监)

小实验

在每天下班之后,回到家之前都需要经历等公交、挤公交的煎熬,在你等了很久也没等到公交的时候,你会用怎样的姿势继续等车呢?

A. 将手放到身后,又或者是不断地看手表。
B. 把手插进口袋中。
C. 两腿交叉站着。
D. 找一堵墙,然后靠着等。

分析:

选 A. 将手放到身后,又或者是不断地看手表。

你是一个非常有野心的人,你有所企图,但是又不会对自己的企图作掩饰。你在工作的时候讲究效率还有成效,脑里一想到什么事就会马上投入去做。你的个性在你脸上完全地表露出来,所以你也不是一个会耍心机的人。你并不喜欢职场上那些"血淋淋"的斗争,害怕他人的闲言闲语。在职场中你不太圆滑,不善交际,容易得罪别人,树立敌人。

选 B. 把手插进口袋中。

你是一个非常有城府的人,在做事情之前都会有详尽的计划,周密的考虑。同时你也是一个不按常理出牌的人,在你微笑的背后也许暗藏了一些重大的阴谋。你会将自己的聪明都投放到了人际关系中,而对工作少有关心,要小心聪明反被聪明误。在职场上你的人际关系基础都不错,但是不是那种可以让别人放心的人,所以需要加强业务能力的培养,不要让别人认为你只是会耍嘴皮子而已。

选 C. 两腿交叉站着。

你在职场上是一个什么事情都会实干苦干的老实人,但在自信方面你还有待提高,你的自信心不怎么强,像个小可怜虫一样,不管有没道理,当别人随便吼你几句的时候你就会非常地害怕。这样的你太过委曲求全,迎合他人,怎么看都像是没有原则的忍让。虽然在你心中也会想要做一个有主见的强大的人,但是总是事与愿违,所以再努力一点吧。

选 D. 找一堵墙,然后靠着等。

你在心智上还没有很成熟,对自己的情绪管理能力较差,不擅长管理自己的情绪,总是阴晴不定。在做事或者是处理事情的时候经常会有孩子气,随心而为之。不开心的时候就会将情绪都写在脸上,这样的性格在职场上往往都不怎么受欢迎。所以你最好改变一下自己的思路想法,努力变得成熟一些,至少在职场上应该这样。

 话题 2 优势从哪里来?

 案例分享

那年,我们公司新进来两个大学生,一个叫思,一个叫玮。两人被安排在同一个部门做同样的工作。他们在工作能力和工作业绩上不相上下,但在待人接物方面,却有着天壤之别。

思是一个大嗓门的女孩,见到人要么直呼其名,要么小刘、小许地喊。有一次,我和思的顶头上司张经理正在会议室接待客人,思突然出现在门口,大声喊:"老张,你的电话。"刚刚 35 岁的张经理,竟然被喊"老张",而且是当着客人的面,喊自己的人还是自己的部下。我看到张经理的脸突然阴沉下来,出去接电话时,看都没看思一眼。

而玮就不同了,见到谁都毕恭毕敬的,小心翼翼地喊某经理、某主任;没有职务的,她就喊某大哥、某大姐;年龄稍长的职工,她就喊某师傅。

思只有上班时才来公司,下班就走人,与公司里的人也没有过多的交往;玮就不同了,她下班后,看有人没走就会留下来,与人家聊聊天,说说闲话。谁有什么困难,她也会尽力帮忙。当然,她有时也会向别人求助。又一次,她来到我的办公室,说有一件大事,务必请我参谋参谋。原来她弟弟参加高考,想请我指点一下,看填什么志愿好。人家把弟弟的前途都交到我手里了,我自然不敢含糊。于是,我很认真地给她分析了近几年的就业形势,慎重地给她提了一个建议。玮千恩万谢地走了。后来,我偶然看到美国成功学家卡耐基的一本成功之道的书,其中介绍了一条赢得别人好感的方法,那就是请别人帮忙,让对方获得做重要任务的感觉。我看后,不禁暗暗惊叹,玮真是个精明透顶的女孩啊!

后来,张经理手下的一个副经理调到别的部门主持工作了,公司决定采用公开竞聘的方式选拔新的副经理。思和玮因为都是本科学历,又都是业务骨干,符合公司规定的竞聘条件,于是两人都报名竞聘。评委由公司中层以上干部和职工代表组成,竞聘的结果是,玮以绝对的优势击败了思,成为我们公司最年轻的中层干部。

思维激荡

1. 玮和思比较起来优势在哪里?

2. 玮成功的原因是什么?

理论工具箱

从这个故事里我们可以看出,玮和思最大的区别是职场常识运用的不同,思全然不顾职场的日常礼仪,缺乏应该具备的职场意识,结果没有树立良好的个人形象,也没有建立和谐的人际关系。玮则是非常注意日常礼仪和相关常识的运用,树立了良好的个人形象,建立了和谐的人际关系,取得了很好的效果,成为公司最年轻的中层干部。

新进员工刚进入组织,一切都是陌生的,但人是社会的人,常常要与工作环境周围的人交往、合作,尽快地适应交往对象,并融入群体之中,对打开工作局面十分重要。如果处理不好人际关系,不但影响工作,也影响人的生活质量。新进员工刚开始一定要注意观察,多做少说,避免人际关系失败。

要特别注意与上司的交往,因为上司通常是代表组织行事的,他们占有相对多的资源,对个人成长有十分重要的影响。在目前组织管理普遍不很规范的情况下,上司的印象十分重要,如果工作做得好,领导的印象也好,个人发展的机会也就更多;否则,即使有很强的能力,也可能被说成是"年轻气盛、不成熟、有傲气",从而与重要的培养、提升无缘。即使是管理规范的组织,其组织成员如果人际关系处理得好,发展空间也会很大。

小贴士

成功的第一要素是懂得如何搞好人际关系。

——本杰明·富兰克林

小实验

培训游戏——团队游戏解手链

形式: 10人一组为最佳

时间: 20分钟

材料: 无

适用对象: 全体学生

活动目的: 让学员体会在解决团队问题方面有哪些步骤,聆听在沟通中的重要性,以及团队的合作精神。

操作程序:

1. 培训师让每组圈着站成一个向心圆。

2. 培训师说:"先举起你的右手,握住对面那个人的手;再举起你的左手,握住另外一个不与自己相邻的人的手。现在你们面对的是一个错综复杂的问题,在不松开的情况下,想办法把这张乱网解开。"

3. 告诉大家一定可以解开,但答案会有两种。一种是一个大圈,另外一种是两个套着的环。

讨论:

1. 你在开始的时候感觉怎样,是否思路很混乱?

2. 当解开一点以后,你的想法是否发生了变化?

3. 最后问题得到了解决,你是不是很开心?

4. 在这个过程中,你学到了什么?

话题 3 "职场微笑"让你平添秋色

 案例分享

张晓晓最近总是愁眉不展,上个月她们办公室新来了一位特别爱笑的姑娘,给人一种十分亲切的感觉。没过多久,她就成了办公室中最受欢迎的人物,大家都喜欢和她聊天。虽然她不是办公室里最漂亮、最聪明的人,但是却拥有好人缘。

张晓晓一直认为自己勤奋努力,可她做出了一些成绩后,却很少有人赞扬、认可。后来,她仔细观察了一下,总结出自己的一大缺点:不爱笑。按照朋友的说法,就是每天一脸严肃相,让人很难接近。这一点其实好多朋友都曾经跟她提起过。她听取了朋友的意见,她想,自己肯定做不到天天在办公室里大笑,但至少能做到微笑。

对于平时不爱笑的她来讲,微笑也是需要天天练习的。张晓晓在这个过程中感受到,微笑其实不只是为了给他人看的,很多时候,在心情低落的时候,努力笑一笑,会让自己心情好一些,从而也能够提升自己的工作效率。

思维激荡

1. 张晓晓最近为什么愁眉不展?

2. 张晓晓不受人赞扬、认可的主要原因是什么?

 理论工具箱

如果一个人总是板着脸,会使周围的人感到不被尊重,无论是在日常生活中还是在工作中,这都是欠缺礼貌和修养的表现。所以,如果一时很难与同事进行热情主动的沟通,至少可以改变嘴角的弧度,时时以微笑示人,这样别人会更容易对你产生亲近感。我们在以微笑示人时,应注意以下几点。

第一,在人际交往与沟通的过程中,要笑得自然。微笑是美好心灵的外现,微笑需要发自内心才能自然,要笑得亲切、美好、得体。

第二,与人交流沟通时要笑得真诚。人对笑容的辨别力非常强,一个笑容代表什么意思,是否真诚,人们通过直觉都能敏锐地判断出来。所以,当你微笑时,一定要真诚。真诚的微笑可以温暖对方的内心,引起对方的共鸣,使之陶醉在欢乐之中,加深双方的感情。

第三,微笑要有不同的含义。对不同的对象,应使用不同含义的微笑,传达不同的感情。尊重、真诚的微笑应该是给长辈的,关切的微笑应该是给孩子的,暧昧的微笑应该是给自己心爱的人的。

第四,微笑的程度要适中。微笑是一种礼节,我们倡导多微笑,但不建议你时刻微笑。微笑要恰到好处,比如当对方看你的时候,你可以直视他并示以微笑;对方发表意见时,应一边听一边不时地微笑。如果不注意微笑的程度,过于夸张,就会有失身份,引起对方的反感。

第五,微笑要分场合。微笑会使他人觉得自己受到欢迎、心情舒畅,但对人微笑也要分场合,否则就会适得其反。当你出席一个庄严的集会,去参加一个追悼会,或是讨论重大的政治问题时,微笑是很不合时宜的,甚至会招人厌恶。

小贴士

职场微笑已经上升为一种交往技巧。即便是性格内向、不善言谈的人,也要学会微笑。

小实验

一、判断正误。

1. 打电话时应根据接电话人的不同而改变通话语气。（   ）
2. 因为对同事的业务不了解,所以在同事电话铃响时,不需要帮同事接听电话。（   ）
3. 为了赶时间,电话结束时我需要赶紧先挂断电话。（   ）
4. 在嘈杂的环境下,如果客户听不清楚,应大声与客户讲话。（   ）
5. 当客户和总经理会面时,应先向总经理介绍客户,然后再向客户介绍总经理。（   ）
6. 与客户初次见面应双手紧握对方的手。（   ）
7. 为了拉近与客户的关系,与客户打招呼时,可拉着客户的手或轻拍客户的肩膀。（   ）
8. 递名片时应用右手递名片,以示尊重。（   ）
9. 主动向对方介绍自己名字中的冷僻字。（   ）
10. 可以将名片放在钱包内。（   ）
11. 为了节省成本,有污渍或稍有折损的名片也可以使用。（   ）
12. 为了展现我们在技术方面的专业程度,在与客户交流时,我们应该多使用专业术语。（   ）

二、测试:看看你的职场礼仪能得多少分。

说明:以下第 1—50 测试题中,选项 A、B、C 分别得分为 2 分、1 分、0 分。

1. 作为职场新人,通常你选择的着装风格是(   )
   A. 清爽而干练。
   B. 隆重而华丽。
   C. 不讲究,看到什么穿什么。
2. 通常你会何时到达面试现场?(   )

A. 提前10-15分钟到达面试地点。

B. 提前半小时以上到达。

C. 常常会迟到或是匆匆忙忙赶到。

3. 如因有要事迟到或缺席面试,你会如何处理?(　　)

A. 第一时间打电话通知该公司,并预约另一个面试时间。

B. 到面试时,再打电话通知该公司。

C. 事后再向公司解释不能到场的原因。

4. 在与面试官交流时,你的目光是怎样的?(　　)

A. 不时注视着面试官。

B. 通常会看着桌面。

C. 死死地盯住面试官。

5. 你会选择哪种方式与面试官握手?(　　)

A. 双眼直视对方,右手坚实而有的力与其握手。

B. 伸出两只手握住对方。

C. 轻轻地用指尖碰一下面试官的手。

6. 你在面试时会选择以下哪种坐姿?(　　)

A. 坐满椅子的三分之二,身体稍向前倾。

B. 坐满椅子,身体紧贴椅背。

C. 只坐椅子的三分之二,身体靠到椅背上。

7. 你在与人交谈时,有摸头发或耳朵的习惯吗?(　　)

A. 没有。

B. 偶尔有。

C. 有,每几分钟就会出现这样的手势。

8. 在与面试官交流时,你通常的表现是(　　)

A. 回答迅速,谈吐自如。

B. 只回答面试官的提问。

C. 滔滔不绝,一直都是你在说话。

9. 你有没有在面试前吸烟、吃辛辣的习惯?(　　)

A. 没有。

B. 偶尔有。

C. 有。

10. 别人对你的普通话评价通常是(　　)

A. 很标准,而且说话很有亲和力。

B. 一般,没有什么特别深的印象。

C. 地方口音太重。

11. 公司会议上,你说话的语速是(　　)

A. 适中。

B. 比较快。

C. 十分缓慢。

12. 一般情况下,面试官让你进行自我介绍,你最常使用的表达方式是(　　)

A. "我的老师和朋友给我的评价是……"

B. "我认为我是……的人。"

C. "我妈常说我是……的人。"

13. 在与面试官交流时,你会常常使用感叹词或停顿词吗?(　　)

A. 不会。

B. 偶尔。

C. 常常使用。

14. 面试后的两三天内,作为求职者的你,会给招聘人员写信表示感谢吗?(　　)

A. 无论结果如何,都会写信表示感谢。

B. 面试后,自己感到满意才会写。

C. 从来不写。

15. 当你正在进行自我介绍时,主考官打断你,你会……(　　)

A. 微笑着看着他,并仔细倾听。

B. 听他说,但表情生硬。

C. 感到非常恼怒。

16. 在面试时你将如何处理你的手机?(　　)

A. 将手机调整为静音。

B. 将手机调整为振动。

C. 不作任何处理。

17. 在以往的面试经历中,你曾说过类似于"以前单位薪水太低"的话吗?(　　)

A. 没有。

B. 偶尔有。

C. 经常会这样说。

18. 在准备面试简历时,你曾将他人的成果当作自己的吗?(   )

   A. 没有。

   B. 只有过一两次。

   C. 经常。

19. 你将如何应对面试官的提问?(   )

   A. 归纳总结后作简单的阐述。

   B. 简单回答,但一般不会超过两句话。

   C. 只针对问题回答是或者不是。

20. 你会在面试前调查了解该单位的企业文化吗?(   )

   A. 会。

   B. 偶尔会。

   C. 不会。

21. 初到一个新单位,你会选择以下哪种为人方式?(   )

   A. 积极地向前辈请教业务问题。

   B. 和人缘较好的同事打成一片。

   C. 独来独往,小心为人。

22. 领导让你完成一个你认为有争议的任务,你会(   )

   A. 向领导说出你的见解,与他取得协调。

   B. 一切听从领导的安排。

   C. 直接拒绝。

23. 初到新单位,别人都在忙,自己却没事,你会(   )

   A. 为复印机加纸,给饮水机加水,主动询问对自己是否有安排。

   B. 带一本学习类的书看。

   C. 打电话给朋友聊天。

24. 在陌生的工作环境,肯定会有很多不懂的事情,这个时候你会(   )

   A. 向老同事请教。

   B. 自己查找资料解决。

   C. 与一起进公司的同辈讨论。

25. 你会向同事说"早上好"吗?(   )

   A. 会。

   B. 心情好的时候会。

   C. 从来不。

26. 在单位接座机电话时你会说"你好,×××公司"吗?(   )

A. 会。

B. 偶尔会。

C. 不会。

27. 公司里的保洁人员帮你清理了摔碎的玻璃杯,你会向她道谢吗?(　　)

A. 会。

B. 不一定。

C. 不会,这是她的本职工作。

28. 早上,在写字间的电梯里看到有人急匆匆地向电梯跑来,你会(　　)

A. 帮她(他)按住开门键。

B. 装作没看见。

C. 赶快按关门键。

29. 在公司举行的周年派对上,某人说你的打扮很"土",你会(　　)

A. 友好地听他说。

B. 不予理睬。

C. 向旁边人说"他不懂欣赏"。

30. 接受别人递来的名片时,通常你会(　　)

A. 双手接受。

B. 右手单手接受。

C. 左手单手接受。

31. 中午逛街回到办公室,脚很酸痛,你会(　　)

A. 用手按摩一下小脚肌肉。

B. 把脚抬到桌子上。

C. 脱掉鞋子。

32. 上班时间接到私人电话,你会说很长时间吗?(　　)

A. 不会。

B. 偶尔。

C. 经常。

33. 你会翻动同事的业务资料吗?(　　)

A. 不会。

B. 偶尔。

C. 会。

34. 每天下班以后,你会将自己的办公桌整理整齐吗?(　　)

A. 会。

B. 偶尔会。

C. 不会。

35. 你会在办公室里化妆吗？（　　）

A. 从来不。

B. 偶尔。

C. 经常。

36. 如果有同事叫你一起投资买股票，你会（　　）

A. 婉言谢绝。

B. 直接拒绝。

C. 接受。

37. 你在公司有打听或是传播小道消息的习惯吗？（　　）

A. 没有。

B. 偶尔有。

C. 有。

38. 在炎热的夏天，你会穿吊带背心到单位上班吗？（　　）

A. 不会。

B. 偶尔穿过一两次。

C. 经常穿。

39. 你的女上司生病，你会怎么做？（　　）

A. 打电话表示问候。

B. 约几个同事一块儿探望她。

C. 不采取任何行动。

40. 你有过在男上司面前补妆的经历吗？（　　）

A. 基本没有。

B. 偶尔有过一两次。

C. 经常这样。

41. 周末，在百货商店偶遇上司，你会选择以下哪种问候方式？（　　）

A. "您好。"

B. "您好，上周那个计划书我已经放在你桌上。"

C. "您怎么也在这儿逛啊，听说××品牌也在打折……这是你老公吧？你们真有夫妻相呢……"

42. 上司是你多年的好友，在公司里你会当着其他同事的面跟他聊私事吗？（　　）

A. 不会。

B. 偶尔会。

C. 经常。

43. 你会在好友聚会上谈及公司的机密吗？（　　）

A. 从来不会。

B. 偶尔会。

C. 经常谈及。

44. 如果你对上司的指示有怀疑，你会（　　）

A. 向他再确认一遍。

B. 直接指出错误。

C. 领导怎么说就怎么做。

45. 在公司举行的商务酒会上，你必带的物品是（　　）

A. 名片夹。

B. 化妆包。

C. 记事本。

46. 如果你要对客户进行商务拜访，你会选择以下哪个时间？（　　）

A. 上午10:30。

B. 上午8:30。

C. 中午12:30。

47. 商务拜访前，你会事先电话联系对方吗？（　　）

A. 会。

B. 偶尔会。

C. 不会。

48. 在参加全公司的年终总结大会，你会选择以下哪种服装？（　　）

A. 深色西装套裙。

B. 深色粗呢大配修身西裤。

C. 长袖体恤配牛仔裤。

49. 通常你在开会时的表现是（　　）

A. 认真听讲。

B. 悄悄翻阅报纸。

C. 与同事小声聊天。

50. 你认为商务会议上的发言，多长时间为最佳？（　　）

A. 三分钟左右。

B. 四分钟左右。

C. 五分钟左右。

测试结果：

80 分以上：毫无疑问，你是一个具有个人魅力和主见的职场人士，你拥有良好的个人形象与修养。你的自信、勤奋以及得体的礼仪习惯，总能为你赢得同事或领导的认可，所以，无论你是新人还是前辈，都会是职场中的佼佼者。

50－80 分：你是一个具有发展潜力的职场人士，你拥有一定的职场礼仪知识，但在某些方面还有缺点，只要你能够加强对职场礼仪的学习，就可以使自己成为一名具有个人魅力的职场人士，要知道你与成功只有一步之遥。

50 分以下：你可能是一个很重视自己的外貌或是工作业绩的人，可你往往忽略了一个职场人士应有的礼仪修养。这样所导致的结果是：虽然你有才能，却在职场中越来越被人忽略。要知道不管你的外貌多美，业务能力多强，如果忽略了在职场中的礼仪修养，最终只会在职业生涯中碌碌无为。

细察环境，寻找突破

Part 3

当我们踏出校门走进职场时，就进入了一个崭新的环境，开始接触陌生人，在不同的环境下与不同的人进行交流。我们要如何分析自己所处的环境，让自己能融入环境甚至掌握环境呢？有一句广告词非常经典："心有多大，舞台就有多大。"

让我们一起进入这一章的学习和探索活动，细察影响生涯选择的环境因素，准备迎接我们即将到来的重大生涯事件吧！

第一章 家庭带来的烙印

家庭在我国社会中有着重要的地位,在国民中有着特殊的意义和深厚的情感认同,对观念的传承与发展及人的成长起着重要作用。当代中职生的职业规划观点是在家庭的不断影响下逐步形成的,这种影响具有持续性、复杂性、历史性,伴随着中职生的整个成长过程。因此,探析家庭影响对当代中职生职业规划的影响,对于深入分析职业规划观点的形成,推进职业规划的教育,促进中职生就业具有重要意义。

 话题 1 影响职业选择的家庭因素

 ## 案例分享

【案例一】

女生小李在一个比较传统的家庭中长大,父母对她的教育是非常保守的。他们认为小李今后是要嫁人的,做一个贤妻良母,维护家庭和谐,对丈夫百依百顺才是小李的未来,根本没有职业选择的意识。在这种思想的教育下,小李显得听话、内向,在职业选择上也显得比较孱弱。她更倾向于选择一些听从上级或老板的指示就可以完成的简单、机械的工作,这些简单乏味的工作并未使小李享受到工作的乐趣。

【案例二】

小赵的父亲曾经是成功的商人,但在合伙人的怂恿下,做出了触犯法律的行为,因而被判诈欺罪,不仅被禁止继续从业,还被送进监狱服刑。父亲的不幸经历使小赵下定决心,要在商场取得成功,作为对父亲失败的弥补。毕业后,他积极投身商海,以父亲为榜样,努力拼搏,最终取得了成功。

思维激荡

小李为什么会选择一些听从上级或老板指示的简单与机械的工作?

小赵毕业后投身商海与家庭影响有什么关系?

理论工具箱

以上两个例子不难看出,在实际的职业选择中,家庭教育方式和父母对子女择业的影响作用是不可忽视的。影响子女职业选择的家庭因素有很多,如父母的期望,父母的职业榜样,父母对子女专业及工作的关注程度,父母对各种职业的看法,父母的社会地位与社交能力,父母教育子女的方法,家中其他成员的影响和个人对父母的看法与态度等。如何引导广大家长完善教育方式,从而使每个孩子都能进行成功的职业生涯规划,应引起足够的关注。

这里对家长们提出几点建议:

1. 应该采取正确的教育方式。正确的家庭教育方式对子女的成长是极其重要的一环,应该采取正确的方式对子女的言行加以引导,使他们树立正确的人生观、价值观、职业观。

2. 家长们应该树立自身的良好形象。家庭的社会化很多都是在无形中进行的。身教重于言教,父母的言谈举止、态度等对子女发生着潜移默化的影响。子女们好奇心强、可塑性大、善于模仿,但其分辨是非,控制自己意志的能力较弱。所以父母积极的行为会对子女产生正面的影响,而那些消极的行为则会对子女产生负面的影响。要使子女们形成良好的择业观,父母要言传身教,给子女树立一个良好的榜样。

3. 保持家庭和睦,加强沟通与交流。保持和睦的家庭氛围,首先要营造子女与父母之间平等交流的氛围,其次是父母与子女之间要经常沟通与交流。对子女在成长过程中出现的各种情况要及时发现,通过与子女间的沟通,并采取正确的方式加以引导,将不好的苗头消灭在萌芽状态,既教育了子女,又使子女感受到家庭的温暖、亲情的可贵。子女的人生起点在家庭,每位父母都应该提高自身素质,营造和谐的家庭氛围,最大限度地使子女身心健康地发展。

小贴士

> 孩子长大成人以后,社会成了锻炼他们的环境;学校对年轻人的发展也起着重要的作用;但是,在一个人的身上留下不可磨灭的印记的却是家庭。
>
> ——宋庆龄
>
> 家庭教育应当由经验教育人向科学教育人转变,由片面注重书本知识向注重教育孩子怎样正确做人转变,由简单命令向平等沟通转变。
>
> ——李岚清

小实验

1. 你是否为独生子女_____(单选)

   A. 是。

   B. 不是。

2. 你选择本专业是按照_____(单选)

   A. 完全是自己的意愿。

   B. 自己随便选的。

   C. 被调剂的。

   D. 主要参考了父母和亲属的意见。

   E. 完全是父母或亲属的建议。

3. 你对现在学习的专业的看法_____(单选)

   A. 非常喜欢。　　B. 有一点儿喜欢。　　C. 一般。

   D. 不太喜欢。　　E. 非常不喜欢。

4. 在你的家中_____(多选题)

   A. 我和父母能像朋友一样畅所欲言。

   B. 父母会尊重我的意见。

   C. 父母一直对我要求严格。

   D. 父母和我沟通交流不多。

   E. 父母很宠爱我,我想要的他们都会竭尽全力满足。

   F. 和父母沟通经常有困难,觉得有代沟。

   G. 父母管得很少,对我的要求不高。

H. 经常和父母吵架。

I. 以上都没有出现过。

5. 你认为家庭给你的择业影响因素有_____（多选）

   A. 经济影响。　　　　B. 关系影响。　　　　C. 精神影响。

   D. 技术影响。　　　　E. 其他影响。

6. 你对未来职业的期望是_____（按照重要性从高到低排列）

   A. 专业对口。

   B. 个人爱好。

   C. 家庭期望。

   D. 实现个人价值。

   E. 重工作本身的性质（工作强度、工作压力、工作挑战性、稳定程度）。

   F. 薪酬福利。

   G. 地域、气候、环境条件适宜。

7. 你获取就业信息的途径是_____（单选）

   A. 阅读报纸杂志。

   B. 网络。

   C. 电视广播。

   D. 父母及亲属的介绍。

   E. 朋友介绍。

   F. 学校就业指导中心。

   G. 参加人才市场招聘。

家庭这样影响我的职业选择

家庭对我在择业时的影响因素有_____

_____

_____

_____

_____

_____

话题 2　决定职业能力的家庭因素

 案例分享

德国大诗人、剧作家歌德的成才,得力于家庭的早期教育。歌德2~3岁时,父亲就抱着他到郊外野游,观察自然,培养歌德的观察能力。3~4岁时,父亲教他唱歌、背歌谣、讲童话故事,并有意让他在众人面前讲演,培养他的口语能力。这些有意识的教育,使歌德从小乐观向上,乐于思索,善于学习。歌德8岁时能用法、德、英、意大利、拉丁、希腊语阅读各种书籍,14岁写剧本,25岁用一个月的时间写成了闻名于欧洲的诗歌《少年维特之烦恼》。

 思维激荡

歌德为什么年纪轻轻就能成为闻名欧洲的大诗人、剧作家?

早期教育对个人的职业能力有着怎样的影响?

 理论工具箱

能力是指一个人顺利地完成某种活动所必备的并直接影响活动效率的心理特征。一个人的能力总是在某种活动中形成并发展起来的,并且在活动中得到表现。能力不是天生的,它是人凭借先天获得的遗传素质在环境和教育的影响下,加上自己的主观努力而逐渐发展起来的。能力与知识、技能既有区别又有联系。知识、技能的发展是无止境的,它随着学习的进程而不断增多,还会随着人的年龄增长而日益丰富;而能力的发展则有一定的限度,但是能力的有限性又离不开知识和技能的掌握程度,能力是掌握知识技能的前提。可见,在家庭教育中,既要向孩子传授一定的科学知识,更要重视培养和发展孩子的能力。

职业学校学生职业选择融合了家长的意志。职业选择的前奏是专业选择,许多家长对子女的专业选择并不是耳提面命式的命令,父母影响更多地通过家庭环境的熏陶,逐渐融入了学生的能力结构和心理结构。出身农民家庭的学生,对父母面朝黄土背朝天的农作生活有着强烈的感受,父母言谈举止的影响和谆谆教诲,让作为子女的学生自然而然的对土地耕种类的工作有一种天然的熟悉感。艺术家庭出身的学生,在长期的家庭成员接触中,很可能继承父母的职业价值观和技能感,这更利于他们走上父母的职业道路。当然,当子女与家长在职业目标上发生冲突,或者子女极力摆脱家长的意志的时候,两者的矛盾就会产生。父母都有一个天然的倾向,即把对子女的爱同对子女的控制乃至干涉简单地等同起来,父母对子女常说的一句话是:我这样做是为了你好。"这样做"是父母对子女的控制措施,"为了你好"是父母对子女的爱的表达,通过这么简简单单的一句话,父母控制子女就会因披上合法外衣而获得情感支持。

父母与子女之间的血缘关系和亲缘关系的天然性和密切性,使父母的职业能力对子女有极强的传导作用。在日常生活中,父母有意或无意地使子女频繁接触到自己的职业领域,使子女在潜移默化中模仿与学习父母在工作中表现出来的各种行为,逐步熟悉与了解父母工作的内容与特点并形成一定的认识。以后,他们在处理相同或相似的工作及问题时显得比未接触过此类工作或问题者更加熟练。

 小贴士

> 每一个父母都有两次机会塑造自己孩子的生命。遗传基因是一次,它决定了一个人身体各方面的上限;而后天的家庭教育,则决定了一个人是否能够利用自己的条件走得很远。

 小实验

你的工作(学习)能力测验

下面五类自我测验题,是用来检验你工作(学习)能力强弱程度的。符合自己情况的打"√",不符合的打"×",每小题 1 分,按提示计分。

1. 你的精力集中吗?
(1) 听别人说话时常常心不在焉。
(2) 工作(学习)时,往往急于想干另一项工作(学习)。
(3) 一有担心事便终日萦绕在心。

(4)工作(学习)时,常常想起毫不关联的事情。
(5)工作(学习)时,总觉得时间过得太慢。
(6)被别人指责时的情景始终不会忘记。
(7)有时忙这忙那,什么都想干似的度过一天。
(8)想干的事情很多,却不能专心于一件事情。
(9)开会时,常常呵欠不断。
(10)说话时,有时会无意识的地说起其他的事情。
(11)等人时,感到时间长得难熬。
(12)对刚看完的书(笔记)会重新读好几遍。
(13)读书不能持续两小时以上。
(14)做一件事,时间长了就会急躁地希望早点完成。
(15)工作(学习)时,很清楚周围人的说话声。
(把"×"相加计分)

2. 你的转换能力怎样?
(1)发生不愉快的事情不易忘却。
(2)一有麻烦难办的事情,总是记挂在心。
(3)常常阅读相同性质的图书。
(4)如果改换不同的服装会浑身不自在。
(5)交往的伙伴大多是志趣想法一致的人。
(6)对参加会议和文娱活动不积极。
(7)往往执着于芥末小事。
(8)其性格不适宜做连续不断的工作。
(9)时时注意他人的言行。
(10)喜欢把众多的事情集中起来处理。
(11)与比自己年轻的人共同语言较少。
(12)与性格不同的人不大说话。
(13)不喜欢受时间表的约束。
(14)过去和现在,都不大改变兴趣和爱好。
(15)对频繁调换各种交通工具感到疲倦。
(把"×"相加计分)

3. 你有开拓能力吗?
(1)上床后立即入眠。
(2)对要紧的事立即作记录,忘记其他的事情。

（3）常常直言不讳地说出自己的想法。
（4）对某事产生兴趣后,往往从理论上探讨其原因。
（5）与人交往时畅所欲言。
（6）经常遗忘一些小事情。
（7）比一般人会玩。
（8）一听到音乐便兴致勃勃。
（9）早晨醒来总是精力充沛。
（10）有业余爱好,经常进行体育活动。
（11）遇到头痛的事并不怎么烦恼。
（12）喜欢唱歌跳舞。
（13）妥善解决问题后往往有解脱感。
（14）从不胸痛和胃痛。
（15）因为容易遗忘小事,养成记笔记的习惯。
（把"√"相加计分）

4．你的灵敏程度如何？
（1）喜欢专心于一项工作(学习)。
（2）基本上和同一伙伴交往。
（3）不喜欢扩大工作和爱好的范围。
（4）喜欢按惯例办事不愿标新立异。
（5）常被人说是头脑固执的人。
（6）不喜欢与思考方法、生活方式不同的人一起研究工作。
（7）不大愿意接受与自己不同的意见。
（8）不大喜欢改变生活环境。
（9）工作(学习)不按部就班便感到不满意。
（10）对新领导不能很快熟悉。
（11）被吩咐做不愿做的事情会束手无策。
（12）不大喜欢托人办事。
（13）不大喜欢耍小聪明。
（14）对突发事件不能马上适应。
（15）不喜欢同时做不同的事情。
（把"×"相加计分）

5．你的言行是否周密？
（1）比起记忆更依赖于记笔记。

(2) 早晨很早就醒来。
(3) 不过量饮酒。
(4) 常常一日一次坐禅休息。
(5) 不吸烟。
(6) 不大摄取甜食。
(7) 经常吃豆类、果实类食物。
(8) 经常思考总结存在的问题。
(9) 无论何时何地都能充分地松弛。
(10) 呼吸既深又长。
(11) 每天带着自我启发的目标去工作(学习)。
(12) 平时多吃蔬菜。
(13) 不喜欢暧昧的言行。
(14) 每天进行全身运动。
(15) 经常心情愉快地工作(学习)。
(把"√"相加计分)
把自我测验的结果对照下表,即可知道自己的工作(学习)能力如何。

	(1) 低	(2) 稍低	(3) 一般	(4) 高	(5) 很高
集中力	0 – 3	4 – 7	8 – 11	12 – 13	14 – 15
转换力	0 – 3	4 – 6	7 – 9	10 – 12	13 – 15
开拓性	0 – 4	5 – 8	9 – 11	12 – 13	14 – 15
灵敏性	0 – 3	4 – 6	7 – 9	10 – 12	13 – 15
周密性	0 – 4	5 – 8	9 – 11	12 – 13	14 – 15

家庭与我的职业能力分析

家庭对我的职业能力产生的影响有＿＿＿＿＿＿＿＿＿＿＿＿＿＿

_____

_____

_____

_____

_____

_____

第二章　学校赋予的能力

校园是学生们成长中除了家庭以外的又一重要场所,是未来各种职业能力学习与培养的重要组织场所、指导场所。学校要引导学生走向知识,走向社会,走向生活,对学生的影响是深刻且巨大的。这些影响作用体现在学生成长的方方面面,不仅体现在学校组织实施职业技能的教育教学行为过程中,也体现在对学生自身的心理倾向、思想水平、人格魅力和专业精深等方面。学校将会对学生未来的职业发展产生不可估量的影响,甚至比有目的有组织的教育教学行为对学生的影响更具根本性,作用更深远。

话题1　养成求知欲望,形成探索精神

案例分享

东汉时候,有一个人名叫孙敬,是著名的政治家。他年轻时勤奋好学,经常关起门,独自一人不停地读书,每天从早到晚读书,常常是废寝忘食。读书时间长,劳累了,还不休息,时间久了,疲倦得直打瞌睡。他怕影响自己的读书学习,就想出了一个特别的办法。古时候,男子的头发很长。他就找一根绳子,一头牢牢地绑在房梁上。当他读书疲劳时打盹了,头一低,绳子就会牵住头发,这样会把头皮扯痛了,人也就马上清醒了,再继续读书学习。

战国时期,有一个人名叫苏秦,也是著名的政治家。他年轻时,由于学问不多不深,曾到好多地方做事,都不受重视。回家后,家人对他也很冷淡,瞧不起他。这对他的刺激很大。所以,他下定决心,发奋读书。他常常读书到深夜,很疲倦,常打盹,直想睡觉。他也想出了一个方法,准备一把锥子,一打瞌睡,就用锥子往自己的大腿上刺一下。这样,猛然间感到的疼痛便使自己清醒起来,再坚持读书。

细察环境，寻找突破

 思维激荡

1. 有一个成语就是上面两个故事最好的概括，还记得是什么吗？

2. 努力学习专业知识对我们今后职业发展有哪些实际的帮助？

 理论工具箱

从孙敬和苏秦两个人读书的故事引申出"悬梁刺股"这句成语，用来比喻发奋读书，刻苦学习的精神。当然，他们这种努力学习的精神是好的，但是他们这种发奋学习的方式方法却不必效仿。

学校教育对保护和培养学生在成长中的求知欲和探索精神是非常重要的，首先学校为学生的求知欲创设了一个能被充分激发和持久保持的环境。学校通过教师和家长的积极配合，根据学生的年龄特征和求知意向，推荐适宜其阅读的书籍，帮助他们建立起自己的具有一定特色的阅读群，把学生引入到充满知识奥秘的海洋，使学生在知识的海洋中找到求知的乐趣。同时，学校用热情和耐心，引导学生探究学习，在探究过程中逐渐培养他们敢于克服困难、勤学好问、不耻下问、好学乐学的精神，以强烈的求知欲望影响学生，使学生逐步养成勇于求知、乐于求知的态度。学校还通过其他多种途径帮助学生创设通过努力可以获得学习成功的预期，使学生知道通过努力可能达到的效果，从而激发其求知的积极性。学校通过有组织有计划的活动把有相同求知意向的学生有效地组织起来，通过学有专长的教师传、帮、带，帮助学生实现求知的愿望，以促进学生的求知欲向更高层次发展，养成稳定、持久的求知兴趣。针对学生在求知过程中取得的成绩，学校积极制定程序规章及时表扬或奖励，积极为其提供展示的平台，满足学生的自豪感和成就感，使学生的求知欲受到鼓舞。同时，学校营造求知氛围，探索环境，唤起学生的求知欲望，以促进充满求知欲的校风、学风的形成，使学生们在学校里受到深刻的文化熏陶。

小贴士

业精于勤荒于嬉,行成于思毁于随

———韩愈

没有任何动物比蚂蚁更勤奋,然而它却最沉默寡言

———富兰克林

 小实验

测试:你的求知欲强不强?

题目:假日里如果你自己或你带孩子出去参观,你会选择去以下哪一个地方?

1. 美术馆。
2. 博物院。
3. 自然博物馆。

答案分析:

1. 选"美术馆"。

你一向自认为是一个幽雅的人,有个人独特的品位和生活步调,不从众随俗,也不屑和其他人一窝蜂地去追流行。所以当网络的热潮席卷而来时,你完全不为之所动,甚至于有一点点超脱的心态。可是,当你发现自己能从中得到需要的资讯,还是会愿意"触网"的,而且你也很清楚自己想要的是什么。

2. 选"博物院"。

说真的,你的资讯焦虑症还挺严重,举凡大大小小的事务,你一定都要了解,不然就会觉得空虚,无所适从。所以当你看到电脑业开始风行,赶紧跟上潮流,走在时代的前端。所以你总是最值得朋友信任的顾问,一有什么不懂问你马上就会得到解答。

3. 选"自然博物馆"。

你对于学习完全是实用主义者,只要是对你有帮助的,你就会很认真地去学。不过如果看起来不太相干,那么你就不会有什么兴趣。可是纯粹凭着自己的判断,或许会慢人家半拍,等到整体环境已经改变,你才开始意识到要加快脚步,很可能差一点就赶不上风起云涌的网络狂潮。

我对我的求知欲分析

我的求知欲是 _____

_____

_____

_____

_____

_____

_____

_____

话题2　踏实上进的校园文化熏陶

案例分享

李政道在回忆西南联大的学习生活时说:"我一生非常幸运的,是在西南联大念过书,因为西南联大的校园文化是非常好的。这种踏实求学,艰苦勤奋的文化在我身上发挥了最好的作用。"李政道后来取得的成功与他在西南联大所受的文化熏陶是分不开的,西南联大积极向上的文化氛围促进了李政道学业的全面发展,也为其今后的科学之路奠定了良好的基础。一切美好的校园文化都是永恒的,良好的校园文化有利于增强个人今后职业旅途中各方面的力量。

思维激荡

1. 李政道为什么对在西南联大的日子感觉"非常幸运"?

_____

2. 积极的校园文化对人在职业发展方面的影响有哪些？

 理论工具箱

青年阶段是中职生的人生观、价值观、职业观形成的重要时期，直接关系到中职生未来人生的走向。中职生们绝大部分时间是在校园里，他们的人生观、价值观、职业观虽说来源于社会，实际上是其成长过程中从所在的群体中习得的，也就是在校园里获得的。因此，学校的文化氛围就会对学生的思想心理产生重要的影响。

学校几乎所有的文化环境都会在学生的心底留下烙印。在学校文化中，学校制度文化占有重要的地位。学校制度文化，简言之，即由学校制度所承载、表达、衍生和推动的文化，它是一所学校渗透在体系架构、规章制度、工作流程、岗位职责中的价值观念和风格特色，也是在生成和执行各类制度的过程中折射出来的价值取向和行为准则。学校制度往往以规定、条文、指标、标准、纪律等形式出现，要求人们必须怎样和不得怎样，是明确的强制性的"规矩"，具有一种刚性的约束力。楼道、教室内的充满浓郁文化气息的标语、名人名言、格言警句等环境文化，能催人奋进，让人精神焕发，陶冶性情，能促进学生良好道德品质的形成，同时也能给学生以启迪和教诲，促进高尚人生观和世界观的培养。校园里干净的路面，美丽的花草，漂亮的楼房，就能让学生获得美的享受，培养学生的高尚的审美观念，学会发现生活中无处不在的美，从而使学生热爱生活，热爱人生。同学间见面时的微笑，师生间上课前的问好，就能让学生学会礼貌待人，文明处世，体会到和谐人际关系的美好。在教师节里送给老师一朵鲜花，在母亲节里送给母亲一声问候，在父亲节里送给父亲一件礼物，就能让学生学会感恩，学会体谅，促进学生爱心的增长。

毫无疑问，学生的这种切身的感受会融入到他们的思想当中，形成他们对人生、对社会的感性认识，形成"对真善美不懈追求"的动力，那么，以如此影响力度，这种精神无疑会成为他们心理品质的一个部分。总之，校园文化建设作为学校职业教育工作的重要环节，它对学校的教育思想、教育方法的变革，对提高学生的思想道德素质，开发学生的智力，丰富学生的文化生活，帮助学生树立和形成良好的审美观以及和谐的人际关系，培养学生的全面素质具有不可替代的作用。

小贴士

一个能独立思考的人,才真是一个力量无边的人。顽强的毅力可以征服世界上任何一座高峰。

——狄更斯

只有创造一个教育环境,才能收到预期的效果。

——苏霍姆林斯基

盛年不重来,一日难再晨,及时当勉励,岁月不待人。

——陶潜

 小知识

校园文化活动的形式有哪些?

校园文化作为一种文化形态,它所包含的内容是十分广泛的,它通过丰富多彩的内容和各种各样的形式对学生的价值观念、道德情操、思想内涵和行为模式的形成与发展起着较深的影响。

校园文化属于社会文化的亚文化,有其自身特点:第一,多元性与主导性相结合。由于当前经济成分和经济利益多元化导致的社会文化多元化,同时还由于各院校校园文化主体的价值取向、文化修养、知识结构、志趣追求的差异,这使得高校校园文化呈现出多元性。但不管校园文化在形式和内容上如何具有多元性,我国高校的性质以及根本任务决定了校园文化必须具有主导性,即要导向培养社会主义事业的建设者和接班人,导向集体主义价值观的确立,导向爱国主义高尚情操的陶冶。第二,科学性与思想性相结合。高校有一个科学和学术空气较浓的氛围,高校的校园文化本身就极富知识与智慧,有较强的科学性。同时,校园文化的主体还具有精神境界较高、思想敏锐的特点,故又使校园文化的构建具有较强的思想性。第三,稳定性与可塑性相结合。校园文化作为学校精神、传统、作风的综合体现,必然带有这所学校特定条件下的历史积淀。同时,校园文化不仅因为大学生思想活跃,价值取向和人格都具有可变性,更因为它要受高校培养目标和教育职能的支配,还有教育者对其施加的影响。第四,独立性与开放性相结合。校园文化以其特定的创造环境、创造主体、创造途径以及创造成果,形成了区别于社会文化和其他亚文化的独立的体系。同时,校园文化不是"经院文化",它不可能脱离社会和社会文化而孤立地生存与发展。

这些特点决定了校园文化与社会主流文化的不同之处,也决定了它形式的多彩多样。传统观点认为校园文化主要分为以下几种形式:一是宣传教育,即以形势政策、爱国主义主旋律教育为主要内容的各种报告、讲座、媒体宣传等。二是各种文化活动,即知识讲座、辩论赛、讲演赛、各种征文比赛、读书节、体育节、学术讲座等。三是社会实践,即社会调查、社会服务等。四是社团活动,大学生根据兴趣爱好自愿组成的社团组织,在学校有关部门指导下开展活动。五是社区文化活动,即以社区为单位组织的各种文化活动,包括宿舍文化活动等。六是心理咨询,即心理测试、心理检查、心理治疗等。除此以外,依据不同的分类标准,校园文化活动可以分为不同的类别,如主流文化、支流文化、校园管理文化、暑期文化、文学文化、爱情文化、交往文化、考证文化、考研文化、网络文化、手机文化、广告文化等各种校园文化活动。

校园文化是一种融学术性、知识性、团体性、趣味性、差异性和独特性等为一体的活动,它充分发挥了同学们的青春热情和张扬的个性,对每一个学生都具有强大的吸引力。校园文化,折射了我们心灵的阳光,每一缕都是我们灵魂的体现。

谈谈你对校园文化的理解

我觉得校园文化是_____

_____

_____

_____

_____

_____

_____

_____

话题 3　潜移默化的师道品格

案例分享

小黄刚刚工作后,被安排当某班的班主任。而同年级另一个班的班主任是小周。小黄与小周两个人的性格截然不同。小黄是一个性格内向的人,多愁善感,做事谨慎,工作认真。而小周性格外向,知识丰富,爱表现,但管不住学生。刚开始的时候,小黄与小周所带的两个班班风并没有多大的差别,可过了一段时间,两个班的班风就不同了。小黄班的学生遵守纪律,学习成绩也不错,但课堂气氛不活跃,学生不活泼。而小周的班纪律涣散,学习成绩不如小黄班,但他们班课堂气氛活跃,学生活泼热情。小黄班有一个叫小红的女生,刚开始的时候很活泼,爱说爱笑,爱唱爱跳,曾在学校举行的歌咏比赛会上拿了一等奖。可后来,小黄发现她慢慢变了,变得不爱说话了,变得不那么大方了。而小周的班虽然出现了几个调皮捣蛋的学生,经常惹是生非,但是他的班却涌现了几个优秀的班干部,他们热情、大胆、负责,学习成绩也很优秀。

思维激荡

1. 小黄与小周两位老师为什么会带出两个班风迥异的学生?

2. 小黄与小周两位老师对学生的影响体现在哪些方面?

理论工具箱

教师对各种职业的理解对学生有着深刻的影响。他们在学生面前表现出来的对某一职业的热心、信心、恒心及高尚的职业修养,非常容易使学生在心理上获得一致,产生共鸣,对学生择业观的影响具有很大的权威性,将直接影响到学生的择业态度和职业精神,对学生们价值观、职业观的认识产生重大作用,同时教师的敬业精神、竞争精神及交际能力、抗挫折能力等,都会潜移默化地影响学生的职业能力。

教师渊博的职业知识会征服学生。"学生可以容忍教师的苛刻,但不能原谅教师的无知"。作为教师应该是"杂家",不仅懂得所教专业的基本知识,而且要对相关职业的发展状况及现状有自己的认识,上知天文,下知地理,了解古今中外,把握时代脉搏,从而把抽象的职业理论表现得更加具体、生动、形象。这时,学生就会被你横溢的才华、渊博的知识所征服,因而从心理上、情绪上乐意接受你的职业观念,传授观念的活动将会变成一种享受,一种愉快的体验,充分调动学生对职业兴趣的积极性、主动性,激发学生潜在的创造动因,就如春雨般滋润学生的择业观念。

教师的职业人格魅力会感染学生,融洽师生关系,促进学生形成正确的职业观念,起到事半功倍的效果。老师和学生既是师生关系,又是朋友关系,理解和尊重是起码的要求。教师的一言一行、一举一动是学生们模仿的对象。心理状态消极的教师或终日忧郁、悲观消极,或性格暴躁、动辄发火,或虚荣文饰、弄虚作假,或紧张焦虑、惶惶不安。这些不良的心态或行为都会被学生看在眼里,在潜意识中留下深刻的甚至是难以磨灭的记忆。"身教胜于言教",道理正在于此,当他们面对类似的刺激情景时,很容易以同样的方式做出反应。

 小贴士

> 要想学生好学,必须先生好学。唯有学而不厌的先生才能教出学而不厌的学生。
>
> ——陶行知
>
> 教师个人的范例,对于青年人的心灵,是任何东西都不可能代替的最有用的阳光。
>
> ——乌申斯基

 小实验

著名教育学者哈格里夫斯在其《人际关系与教育》一书中把教师在教育中的角色分为三种类型:训狮型、娱乐型、浪漫型。

"训狮型"的教师认为教育是教化学生的进程,学生是野性未驯化的"动物"。教师认为对学生有益的事就是"驱使"他们学习。在这种教师看来,学校纪律必须严格执行,考试应该经常进行。

"娱乐型"的教师认为引导学生学习的最好办法,就是使教材生动有趣,因而喜欢用精心设计的所谓"发现法"之类的有趣方法进行教学,并常常使用各种音像技术,用很多时间巡视教室,看学生是否在按主题专心学习。

"浪漫型"教师认为学生天生乐意学习,学习是人的本能,教师的角色就是帮助学生学习,学生应能够自由选择他们所希望学习的内容,课程应由学生与教师共同选择,而不是由教师预先设置。教师与学生的关系必须以信任为基础,分数是靠不住的,因为对学生最重要的是学会怎样学习。由此可见,教师的教学风格对学生学习的风格影响相当大。

此外,教师丰富的知识,严谨的作风,良好的习惯等都对学生的学习有着潜移默化的影响。比如语文老师的文学好就有可能影响学生,使之也走上文学创作的道路;美术老师一次对学生画作的赞许有可能使他爱上绘画,使之成为一个画家。"亲其师,信其道",教师的鼓励和引导有可能使学生迷途知返,爱上科学文化知识。

谈谈老师对你职业发展的影响

老师是这么影响我的 _____

第三章 社会营建的氛围

20世纪50年代,军人是最受人钦佩的;70年代起工人就成了最受人羡慕的职业;90年代流行自己做小生意小买卖;21世纪大家的梦想是成为IT业界人士……不同的年代,人们对于职业的选择是不一样的。人们在选择职业的时候会受社会因素的影响。

现如今,社会经济发展正在渐渐地市场化,那么我们职业生涯的发展必然会受到社会环境变化的极大影响和制约,其中包括了政治环境、经济环境、文化环境、科技环境和教育环境等。在社会环境的变化过程中所产生的职业价值观与政治经济观及社会产业结构的调整与变动、人力管理体制的变化、社会劳动市场对于人才的需求和需求类型的变化、对职业岗位认同的变化等因素,都会在我们个人职业规划的决策上留下深深的印记。

 话题1 社会需求引导着职业方向

 案例分享

俞敏洪在同济大学演说时曾提到,他有一个朋友学的是越南语,越南语原本的确很少用,但随着我国经济的不断发展,与周边国家的交流也日益密切——这其中当然也包括越南。因此几乎所有的中央领导去越南都要找他,因为他是一流的越南语同声翻译专家,而当时国内相关的越南语专家很少,于是在一些语言大学中就掀起了越南语学习热潮,并使一批人成为越南语同声翻译的从业人员。

 思维激荡

1. 为什么各类学校会掀起很少用到的越南语学习热潮?

2. 俞敏洪提到的这个故事说明了什么?给你怎样的启示?

理论工具箱

社会需求是促进某一个职业蓬勃发展的持久动力。一般来说,社会的需求是中职学生择业时要考虑的重要外在因素。所以择业时多分析一下,这个职业在社会中的作用怎样?对大众的生活会有什么样的影响?要注意的是,社会需求总是先于政府导向的,因为一般来说总是先产生需求,而后才是政府大力倡导。如果一个职业既有政府的支持,又是社会大众的需求所在,那么这个职业的发展趋势一定是很好的。

在各大招聘会上,经常看到这样的场面:许多手持本科甚至研究生文凭的大学生们,因为社会需求较少,或者是没有实际操作经验,在找工作时屡屡败北;而一些经过职业教育几年,有了一定的工作经验,在找工作时却一路绿灯,有时甚至出现几家单位在抢一个人的情况。

近年来,社会对职业教育的需求开始呈现高移的势头,特别在高级技术岗位和国家紧缺人才行业。社会高速发展,金融危机之后,政府倡导建议创业型社会,大量的中小企业将会大量涌现,中小企业对用人的要求更趋向于实用型人才。而有工作经验的职业人才将会是企业的至爱。在以后的人才招聘会上,像上面那种几家单位抢人的现象会越来越多地出现。所以有人说职业教育 PK 大学教育,职业教育尤胜,并不是没有道理。很多大学毕业生,再返到职业教育学校继续深造的现象近年来也越来越多。

现代的职业教育不是机械地将职业教育与科学教育、专业教育、技术教育割裂开来,而是将它们整合在一起,是一个大职业教育观。职业教育早已进入高层次教育的行列,成为高等教育的重要组成部分。

职业教育经过近二十余年的探索和发展,现在已经形成完善的教育体系,不仅其学生可以学到精湛的技术,同时它与大学素质教育相结合,培养出一批批懂技术的高素质人才。事实证明,这种形式的职业教育,正好符合用社会的需求与用人单位的需求。

小贴士

> 创造人的是自然界，启迪和教育人的却是社会。
>
> ——别林斯基
>
> 谁忘记世界，世界也会忘记他。
>
> ——波乌普

 小活动

辩 论 赛

辩题：社会需求与个人需求，哪个对择业影响更重要？

正方：社会需求对择业影响更重要。

反方：个人需求对择业影响更重要。

比赛程序及用时规定明细表

序号	程　　序	时　间	备　注
1	正方一辩发表开篇立论	2分30秒	
2	反方一辩发表开篇立论	2分30秒	
3	正方二辩选择反方二辩或三辩进行一对一攻辩	1分30秒	每个提问不超过30秒
4	反方二辩选择正方二辩或三辩进行一对一攻辩	1分30秒	每个提问不超过30秒
5	正方三辩选择反方二辩或三辩进行一对一攻辩	1分30秒	
6	反方三辩选正方二辩或三辩进行一对一攻辩	1分30秒	
7	正方一辩进行攻辩小结	1分30秒	
8	反方一辩进行攻辩小结	1分30秒	
9	自由辩论(正方先开始)	8分钟	双方各4分钟
10	反方四辩总结陈词	3分钟	
11	正方四辩总结陈词	3分钟	

注：全程比赛用时28分钟

辩论要求

1. 辩论中各方不得宣读事先准备的稿件或展示事先准备的图表(整张A4

纸),但可以出示所引用的书籍或报刊的摘要(小纸条)。

2. 比赛中,辩手不得离开座位,不得打扰对方或本方辩手发言。
3. 辩手辩论发言必须紧扣己方主题,论据充分有力,使用普通话。
4. 在反驳对方观点时,措辞恰当,不得进行人身攻击。
5. 辩论和选例符合中学生实际情况,注意语言文明,不得举庸俗、不文明的例子。

评分标准:
1. 论点明晰,论据充足,引证恰当,分析透彻。
2. 迅速抓住对方观点及失误,驳论精到,切中要害。
3. 反应敏捷,应对能力强。
4. 表达清晰、层次清楚,逻辑严密。

社会需求与个人需求哪个对个人择业更重要

我认为＿＿＿＿＿＿＿＿＿＿＿＿＿＿＿＿＿＿＿＿＿＿＿＿＿＿＿＿

话题2　社会文化影响职业选择

 **案例分享**

小徐,性格活泼好动,创新力强,喜欢挑战性的工作。2001年大学毕业后,经过奋力拼搏报考公务员成功,顺利进入了一个政府部门,这是他的第一份工作。

他从最初的端茶倒水、接电话、发传真、起草、校对文件这类琐碎行政事务干起,按部就班,既勤勤恳恳、任劳任怨,又眼光独到,工作主动,人际关系融洽。3年后,他被提升为本单位的业务副科长。正当发展前景一帆风顺时,2006年他却主动离职,抛弃了安逸的生活去了一家股份公司,从事市场开拓这一极具风险性的工作。

 思维激荡

1. 小徐为何在事业一帆风顺时选择离职?

2. 试想小徐离职的原因有哪些?

 理论工具箱

小徐的选择为许多人所不解。一般人看来,能够在中国浓厚的"官本位"文化氛围中,进入一个政府部门工作,并且小有成就,是相当不错的。在此基础上好好努力,他未来的人生历程将是一幅绚丽的画面。抛弃好不容易得来的机会,进入一个充满许多不定因素的领域,不能算是一个明智的选择。那么,小徐的职业转换决策是不是正确呢?这里面就牵涉一个社会文化环境下职业生涯成功的标准问题。

职业生涯成功是个人职业生涯追求目标的实现。职业生涯成功的含义因人而异,具有很强的相对性,对于同样的人在不同的人生阶段也有着不同的含义。每个人都可以、也应该对自己的职业生涯成功进行明确界定,包括成功意味着什么、成功时发生的事和一定要拥有的东西、成功的时间、成功的范围、成功与健康、被承认的方式、想拥有的权势和社会的地位等。对有些人来讲,成功可能是一个抽象的、不能量化的概念。例如,觉得愉快——在和谐的氛围中工作,有工作完成后的成就感和满足感。在职业生涯中,有的人追求职务晋升,有的人追求工作内容的丰富化。对于年轻员工来说,职业生涯的成功应该是在其工作上获得满足感与成就感,而不是一味地追求快速晋升;在职业设计上,设法扩大其工作内容,使工作更具挑战性。

职业生涯成功能使人产生自我实现的满足感,从而促进个人素质的提高和潜能的发挥。职业生涯成功与否,个人、家庭、企业、社会等判定的标准都存在一定的差异。从现实来看,职业生涯成功的标准与方向具有明显的多样性。

目前大家已形成共识的有五种不同的职业生涯成功方向（即类型）：

进取型——达到集团和系统的最高地位。

安全型——追求被认可、工作安全、尊敬和成为"圈内人"。

自由型——在工作过程中得到最大的控制而不是被控制。

攀登型——得到刺激、挑战、冒险和"擦边"的机会。

平衡型——在工作、家庭关系和自我发展之间取得有意义的平衡，以使工作不至于变得太耗精力或太乏味。

 小贴士

> 一定的文化（当作观念形态的文化）是一定社会的政治和经济的反映，又经予伟大影响和作用于一定社会的政治和经济。
> ——毛泽东
>
> 智慧是知识凝结的宝石，文化是智慧放出的异彩。
> ——印度名言

 小实验

职业决策平衡单

职业"决策平衡单"（decision-making balance sheet）经常被应用于问题解决模式和职业咨询中，用以协助咨询者有系统地分析每一个可能的选项，判断分别执行各选项的利弊得失，然后依据其在利弊得失上的加权计分排定各个选项的优先顺序，以执行最优先或偏好的选项。

一、主体框架

（1）自我物质方面的得失（utilitarian gains or losses for self）。

（2）他人物质方面的得失（utilitarian gains or losses for significant others）。

（3）自我赞许与否（self-approval or disapproval）。

（4）社会赞许与否（social approval or disapproval）。

实际应用时，由于认为"自我赞许与否"和"社会赞许与否"仍显得笼统，所以台湾地区生涯辅导专家金树人将最后的两项改为"自我精神方面的得失"与"他人精神方面的得失"，就是从以"自我—他人"，以及"物质—精神"所构成的四个范围内来考虑。

平衡单的设计,是用来协助决策者做出好的重大决定。它可以帮助决策者具体地分析每一个可能的选择方案,考虑各种方案实施后的利弊得失,最后排定优先顺序,择一而行。

二、操作步骤

(1) 列出可能的职业选项:咨询者首先需在平衡单中列出有待深入评量的潜在职业选项(3~5个)。

(2) 判断各个职业选项的利弊得失:平衡单中提供咨询者思考的重要得失,集中于四个方面,分别是:自我物质方面的得失、他人物质方面的得失、自我赞许(精神方面)的得失、他人赞许(精神方面)的得失,详如下表所示。咨询者可依据重要的得失方面,逐一检视各个职业选项,并以"+5"至"-5"的十一点量表(+5,+4,+3,+2,+1,0,-1,-2,-3,-4,-5)来衡量各个职业选项。

(3) 各项考虑因素的加权计分:咨询者在各个方面的利弊得失之间,会因身处不同情境而有不同的考量。因此,在详细列出各项考虑层面之后,须再进行加权计分。即对当时个人而言,重要的考虑因素可乘以一至五倍分数(×5),依次递减。

(4) 计算出各个职业选项的得分:咨询者需逐一计算各个职业选项在"得"(正分)与"失"(负分)的加权计分与累加结果,并计算各个生涯选项的总分。

(5) 排定各个职业选项的优先顺序:最后,依据各职业选项在总分上的高低,排定优先次序。职业选项的优先次序即可作为咨询者职业生涯决策的依据。

我的职业决策平衡单

规划路线，成就事业

Part 4

我们的生涯是一个连绵不断的"前进序列"，身后留下的轨迹是我们自己独特的生活形态，其中不仅有职业的发展，也有其他生涯角色的担当。我们都希望拥有一个美好的生涯，所以我们就必须了解生涯会经过哪些发展阶段，现在正处于哪些阶段上。我们只有脚踏实地地迈好这一步，才会有生涯目标实现时的醉人清香。

生涯的发展就像一次登山的历程，不像百米竞赛那样可以一目了然、干脆利落。它考验我们的不仅是速度和耐力，也考验我们的应变能力，谁能管理好自己的体力和智力、情绪和意志，谁就能更好更快地享受到登顶的无限风光。

第一章　理想中的彼岸

佛教把陷于生死轮回之苦的现实世界视为此岸,把超越生死的极乐世界称作彼岸,到达幸福的彼岸是每个人最终的追求。彼岸是我们的目的地,我们不妨把未来的职场称作彼岸。你有没有规划过自己未来的生活?你理想中的职场是个什么样的世界?你希望在职场中担任什么样的角色?

 话题 1　要不要规划未来的生活

 案例分享

报载,曾经有一群意气风发的天之骄子从美国哈佛大学毕业,他们在智力、学历、环境条件方面都相差无几。在临出校门前,哈佛对他们进行了一次关于人生目标的调查,结果是这样的:27% 的人没有目标;60% 的人目标模糊;10% 的人有清晰但比较短期的目标;3% 的人有清晰而长远的目标。哈佛大学再次对这群学生进行了跟踪调查,25 年后,结果为这样:3% 的人,25 年间他们朝着一个方向不懈努力,几乎都成为社会各界的成功人士,其中不乏行业领袖、社会精英;10% 的人,他们的短期目标不断地实现,成为各个领域中的专业人士,大都生活在社会的中上层;60% 的人,他们安稳地生活与工作,但都没有什么特别成绩,几乎都生活在社会的中下层;剩余 27% 的人,他们的生活没有目标,过得很不如意,并且常常在抱怨他人、抱怨社会、抱怨这个"不肯给他们机会"的世界。

 思维激荡

1. 同样是世界顶尖大学的毕业生,社会地位为什么不一样?

   _____

2. 你希望 20 年后有什么样的社会地位?

   _____

理论工具箱

中国传统文化中有许多励志警句。"三军可夺帅也,匹夫不可夺志也";"志不强者智不达";"老骥伏枥,志在千里;烈士暮年,壮心不已";"志当存高远"。《吕氏春秋》提出:"凡举人之本,太上以志,其次以事,其次以功。"法国微生物学奠基人巴斯德强调:"立志是一件很重要的事情。工作随着志向走,成功随着工作来,这是一定的规律。立志、工作、成功是人类活动的三大要素。"所谓志,乃是理想、决心、毅力,包括两个方面的内容:一是对未来目标的向往;二是实现奋斗目标的顽强意志。志向,就是理想信念;立志,就是要确立理想信念。

立志,首先是解决理想问题。可以说,社会中的每个人都有一定的理想,理想并不专属于学生,但对学生尤为重要。生活之路刚刚开始,面临着一系列重要的生活课题,需要人生的指路灯,这就是理想。远大的理想像太阳,唯其大,才有永不枯竭的热量;远大的志向像灯塔,唯其高,才能照亮前进的航程。

在无产阶级革命史上,无数的英雄人物和革命领袖,在大学时期就立下了伟大的志向,并为之奋斗不息,为人类作出了巨大的贡献。马克思在大学生时代就立下了为人类幸福献身的崇高志向。毛泽东15岁就"身无半文,心忧天下",立志让祖国"富强、独立起来",他把自己"自信人生二百年,会当击水三千里"的豪情壮志与中国人民的命运紧密相连。

事实告诉我们,一个人在事业上所取得的成就,与他早期就立下志向并不懈奋斗是分不开的。有志者,事竟成。这个调查很客观很直白地告诉我们一个事实:成功,需要明确的目标。哈佛的毕业生大都具备了过人的才能,即使是这样的人在没有目标或目标模糊的情况下,也会失去与成功握手的机会,更何况普通人呢?

人们常说,"天下无难事,只怕有心人",可见,目标与志向、意志紧密相连。的确,"想干什么"与"能干什么"不是一回事,这里面存在一个"能力界线"的问题,因为并非人人都是天才。阻碍成功的因素有许多,所以确定一个合理的目标是非常重要的。如果我们长期做一件事情,却看不到一点进步与成功的希望,那么就自我反思吧,结合我们的兴趣、能力、条件,看看我们是否走错了路。如果走错了路,不要紧,那就慎重地寻找另外一条。无论如何,我们不能没有目标,因为尽管我们最初确立的目标有误,在重新调整之后,我们仍有成功的希望,只不过是迟了一点。但是,如果根本没有目标,成功的希望就只能用"渺茫"二字来形容了。

小贴士

> 有伟大理想的人,生活永远闪射着光芒;追求理想是一个人进行自我教育的最初的动力,而没有自我的教育就不能想象会有完美的精神生活。
> ——苏霍姆林斯基
>
> 理想是指路明灯,没有理想,就没有坚定的方向;没有方向,就没有生活。
> ——托尔斯泰

小实验

大理想,小目标

1984年,在东京国际马拉松邀请赛中,名不见经传的日本选手山田本一出人意料地夺得了世界冠军。当记者问他凭什么取得如此惊人的成绩时,他说了这么一句话:凭智慧战胜对手。

当时许多人都认为这个偶然跑到前面的矮个子选手是在故弄玄虚。马拉松赛是体力和耐力的运动,只要身体素质好又有耐性就有望夺冠,爆发力和速度都还在其次,说用智慧取胜确实有点勉强。

两年后,意大利国际马拉松邀请赛在意大利北部城市米兰举行,山田本一代表日本参加比赛。这一次,他又获得了世界冠军。记者又请他谈经验。

山田本一性情木讷,不善言谈,回答的仍是上次那句话:用智慧战胜对手。这次记者再也没有在报纸上挖苦他,但对他所谓的智慧迷惑不解。

10年后,这个谜终于被解开了,他在他的自传中是这么说的:"每次比赛之前,我都要乘车把比赛的线路仔细地看一遍,并把沿途比较醒目的标志画下来,比如第一个标志是银行;第二个标志是一棵大树;第三个标志是一座红房子……这样一直画到赛程的终点。比赛开始后,我就以百米的速度奋力地向第一个目标冲去,等到达第一个目标后,我又以同样的速度向第二个目标冲去。40多公里的赛程,就被我分解成这么几个小目标轻松地跑完了。起初,我并不懂得这样的道理,我把我的目标定在40多公里外终点线上的那面旗帜上,结果我跑到十几公里时就疲惫不堪了,我被前面那段遥远的路程给吓倒了。"

要想实现心中的那个大理想,就需要制订一个个阶段性的目标,逐个去实现它们,不求多,完成一个然后继续向下个目标努力!相信哲理带给自己的启示,也相信自己会在逐个突破中找到信心和勇气。

谈谈你的理想和近期目标

理想：_____

目标1：_____

目标2：_____

目标3：_____

目标4：_____

话题2　理想中的职场什么样

案例分享

走出沙漠的启示

比塞尔是西撒哈拉沙漠中的一颗明珠,每年有数以万计的旅游者来到这里。可是在肯·莱文发现它之前,这里还是一个封闭而落后的地方。这里没有一个人能够走出沙漠,据说不是他们不愿离开这块贫瘠的土地,而是尝试过很多次都没有走出去。

肯·莱文当然不相信这种说法。他用手语向这里的人问原因,结果每个人的回答都一样:从这儿无论向哪个方向走,最后都还是转回出发的地方。为了证实这种说法,他做了一次试验,从比塞尔村向北走,结果花了三天半时间就走了出来。

比塞尔人为什么走不出来呢?肯·莱文非常纳闷,最后他只得雇一个比塞尔人,让他带路,看看到底是为什么。他们带了半个月的水,牵了两只骆驼,肯·莱文收起指南针等现代设备,只挂一根木棍跟在后面。

十天过去了,他们走了大约八百英里的路程,第十一天的早晨,他们果然又回到了比塞尔。这一次肯·莱文终于明白了,比塞尔人之所以走不出大漠,是因为他们根本就不认识北斗星。

在一望无际的沙漠里,一个人如果凭着感觉往前走,他会走出许多大小不一的圆圈,最后的足迹十有八九是一把卷尺的形状。比塞尔村处在浩瀚的沙漠中间,方圆上千公里没有一点参照物,若不认识北斗星又没有指南针,想走出沙漠,确实是非常困难的。

肯·莱文在离开比塞尔时,带了一位叫阿古特尔的青年,就是上次和他合作的人。他告诉这位汉子,只要你白天休息,夜晚朝着北面那颗星走,就能走出沙漠。阿古特尔照着去做,三天之后果然来到了大漠的边缘。阿古特尔因此成为比塞尔的开拓者,他的铜像被竖在小城的中央。铜像的底座上刻着一行字:新生活是从选定方向开始的。

 思维激荡

1. 比塞尔人怎样才能走出西撒哈拉沙漠?

2. 要找到自己理想的职场,第一步该做什么?

 理论工具箱

每个人都希望找到一个好工作,但我常常发现,看起来好的工作(比如在500强任职),未必真好;看起来不好的工作(比如加入一个不到50人的小公司),未必真不好。那么,究竟什么是好工作?

人总想得到那个最好的,可是,什么是最好的?你觉得最好的那个,是因为你的确了解,还是因为别人说它是最好的?即使它对于别人是最好的,对于你也一定那么好吗?

对于自己想要什么,自己要清楚,别人的意见并不是那么重要。很多人常常被别人的意见所影响——亲戚的意见,朋友的意见,同事的意见……问题是,你究竟要过谁的一生?人的一生不是父母一生的续集,也不是儿女一生的前传,更不是朋友一生的外篇,只有你自己对自己的一生负责,别人无法也负不起这个责任。自己做的决定,至少到最后,自己没什么可后悔。对于大多数正常智力的人来说,所做的决定没有大的对错,无论什么样的选择,都是可以尝试的。比如你没有考上自己理想的那所学校,没有加入现在这个行业,这辈子就会过得很差?就会很失败?不一定。

人都要面子,也都喜欢攀比,即使是找工作也要攀比,不管那是不是自己想要的。大家认为外企公司很好,可是好在哪里呢?他们在比较好的写字楼上班,这就是你这辈子最想要的吗?他们出差住比较好的酒店,这就是你这辈子最想要的吗?别人会羡慕你在外企工作,常常投来艳羡的目光,这就是你这辈子最想要的吗?前面说的那一切都是给别人看的,你一定要活得那么辛苦给别人看吗?另一方面,他们的薪水福利并没有特别了不起,他们的晋升机会比较少,很难做到高层的主管,大部分情况下会找一个外籍人来管你——尽管那些人并不见得高明。大批的人在等着你的位置,为了不被淘汰,你不得不忍受经常加班。你想清楚了吗?去500强工作一定好吗?

别人都说好的东西,就是你想要的东西吗?你究竟是为自己活,还是为别人活?即使如此,世事是善变的,过去说读书无用,早点上班,现在都学英语,学电脑,过去说出国好,现在"海归"变"海待",过去说炒股好,现在被套牢……你跟得过来吗?

好工作,应该是适合你的工作,具体一点说,应该是能给你带来你想要的东西的工作。

好工作应该是一份让人觉得自豪和快乐的工作,自豪来自于自己和自己所在的企业对社会的贡献,而非500强的名气或者住五星级酒店带来的虚荣,而快乐则源自对于自己的成就以及环境的认可,而非少干活多拿钱。

你或许应该以此来衡量你的工作究竟好不好,而不是拿公司的大小、规模、外企还是国企,是不是有名,是不是上市公司,是不是朝阳产业来衡量。小公司,未必不是好公司;赚钱多的工作,也未必是好工作。你还是要先弄清楚你想要什么,搞不清楚这一点,你就永远也不会找到好工作,因为你永远只看到你得不到的东西,你得到的,都是你不想要的。

可能,最好的,已经在你的身边,只是,你还没有学会珍惜。

 小贴士

只要路是对的,就不怕路远。
世上最重要的事,不在于我们在何处,而在于我们朝着什么方向走。
目标的坚定是性格中最必要的力量源泉之一,也是成功的利器之一。没有它,天才也会在矛盾无定的迷径中徒劳无功。

小实验

测试你的职业目标是否明确

有目标才有奋斗的方向,才有前进的动力。因此,明确职业目标,是职业发展道路上关键的第一步。好奇是上进的先兆,渴望是工作的动力,你是否清楚地了解自己的职业发展目标?是否对自己的职业生涯充满渴望与好奇?下面的小测试能帮你了解自己。

1. 办公室里装了一台新电脑,你会( )

A. 尽量避免使用它。

B. 很愿意使用它。

C. 向别人请教如何使用它。

2. 在公司举办的舞会上,别人在跳一种你不会的舞蹈,你会( )

A. 站起来,学着跳。

B. 看着别人跳,直到改奏自己会跳的舞曲。

C. 请朋友私下里教你跳新舞蹈。

3. 和朋友去一家西餐厅吃饭,你想用刀叉,可又不会,你会( )

A. 看明白别人如何用后再拿起刀叉。

B. 仍旧使用筷子和勺子。

C. 在别人不知道的情况下请教服务员。

4. 你身处异地,对当地方言知之甚少,于是你( )

A. 只用有把握的词句。

B. 讲普通话。

C. 尽可能多地使用它,相信别人都是友好的。

5. 你打算做个书架,可从未用过钻子,你会( )

A. 雇佣其他人。

B. 求助于朋友或技术手册。

C. 买材料自己试着做。

6. 你出席一次你不甚了解的研讨会,你会( )

A. 提出许多问题。

B. 假装能领会别人的意思。

C. 会后查一下没弄懂的地方。

7. 你走进一家时装店,结果发现店里只有几件衣服,而且都没有价目标签,

你会（　　）

  A. 转身出去。

  B. 举止自然并询问是否有自己尺码的衣服。

  C. 为避免尴尬，看一下陈列的衣服，然后离开。

8. 新老板让你做一件你从未做过的事，你会（　　）

  A. 说"可以，不过我需要帮助"。

  B. 有礼貌地拒绝，因为它超出你的经验范围。

  C. 埋头于这项工作，尽量把它干好。

9. 街上流行一种时髦的衣服，你会（　　）

  A. 仍旧穿以前的衣服，觉得新衣服不适合。

  B. 立即买一套穿上。

  C. 观望一段时间，如果周围同事都买了，再去买一套。

10. 如果你做的某项工作需要根据某一公式重复计算 20 次，并有一台计算机可供使用，而你又从未用过计算机，你会（　　）

  A. 请教某人或计算机使用手册，在计算机上计算出结果。

  B. 愿意多花点时间，用手重复计算。

  C. 请别人上机代你计算。

评分方式：

1、7、9 题：　A　0 分　　　B　10 分　　　C　5 分

2、6、10 题：　A　10 分　　　B　0 分　　　C　5 分

3、4、8 题：　A　5 分　　　B　0 分　　　C　10 分

5 题：　　　A　0 分　　　B　5 分　　　C　10 分

分析：

  总分 40 分以下：你的职业发展目标不明确，一方面对自己的期望很高，一方面却怯于尝试新事物。学习新事物的过程就是提升核心竞争力的磨砺。因此，要想实现目标，应该积极尝试，而不是回避新任务、新问题。

  总分 41~70 分：你对职业目标的追求有些谨慎。虽然你最终也会解决问题，但通常需要一段时间。可竞争中一步之差就可能已决胜负，怎能容你慢条斯理、考虑周全后再做决定。因此，你不妨让自己的步伐快一些，勇于抓住机会，可能会取得意想不到的结果。

  总分 71~100 分：你对自己的职业前景充满渴望和自信，也愿意为此而积极尝

试。但是这种凡事皆要试一试的态度,可能会导致你过于自信和独立。其实,有时承认自己对某些事情不了解,多多寻求帮助,对职业发展大有益处。

话题3　你希望担任什么角色

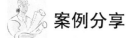

案例分享

在好莱坞,片酬超过两千万美元的影星屈指可数。这也成了一个台阶,凡是能一部片酬收入达到两千万的演员被冠以"两千万俱乐部"成员的称号,可谓是名利双收,如汤姆·克鲁斯、布拉德·皮特等。"两千万俱乐部"成员基本上全是好莱坞的一线男星。在片酬上能够接近这些当红男星的女演员寥若晨星,而能够与他们比肩的女明星只有一个,那就是有着"大嘴美女"之称的朱莉娅·罗伯茨。

生于洛杉矶的朱莉娅·罗伯茨17岁踏入影视圈。在20世纪90年代初,凭借在《风月俏佳人》中的出色发挥,一夜成名。她那具有标志性的,笑起来嘴角能达到两边耳垂的有些夸张的大嘴,非常富有感染力,被影迷们亲切地称为"一千瓦"的笑容。

但好的开始并不意味着以后的事业会一帆风顺。年纪轻轻只有高中学历的朱莉娅·罗伯茨,不满足于在轻喜剧上的成功,她开始频繁尝试各类角色,试图取得更大的成功。但令人遗憾的是,在接下来拍摄的恐怖片、惊悚片中,她的表演乏善可陈,票房惨淡,这位年少成名的明星成为当时好莱坞导演的噩梦,她在事业上一下子从高峰跌入了谷底。

好在她迷途知返,在1997年,朱莉娅·罗伯茨再次回到轻喜剧的表演舞台上,主演了《新娘不是我》,这部票房过亿的电影,让她重回好莱坞一线女星的行列,并为她赢得了金球奖。

在轻喜剧舞台上如鱼得水、驾轻就熟的朱莉娅·罗伯茨马不停蹄,连续接拍了《诺丁山》和《落跑新娘》。这两部电影都取得了巨大的成功,与《新娘不是我》并称为"新娘三部曲",并由此在美国掀起了轻喜剧的热潮。

咸鱼翻身的朱莉娅·罗伯茨开始一系列的慈善活动,并担任联合国儿童慈善大使。2000年,凭借《永不妥协》中的平民律师一角,她荣登奥斯卡影后宝座,片酬飙升至两千万美元,成为好莱坞片酬最高的女明星。

在电影中,她的爱情浪漫而又完美,演绎着"现代版灰姑娘"的传奇。但在现实世界,她的感情生活乱得一塌糊涂,直到遇到摄影师丹尼。但作为演员,需要常年奔波在外,每次外出拍片,朱莉娅·罗伯茨都情绪低落,她感觉自己的事业已经影响了感情生活。有记者问她最喜欢的地方是哪里,她毫不犹豫地微笑着回答:"是家里,陪在爱人身边。"

一向敢作敢为的朱莉娅·罗伯茨是这么想这么说也是这么做的。处于事业鼎盛期的她在一片惊讶和惋惜声中,毅然选择了隐退,就像她在事业上选择轻喜剧一样,她现在只想当一位好妻子。她认为,她只能扮演好一种角色。

思维激荡

1. "大嘴美女"朱莉娅·罗伯茨的成就有哪些?

2. 你怎样理解朱莉娅·罗伯茨"只能扮演好一种角色"?

理论工具箱

从前,一位陶工制作了一只精美的彩釉陶罐,他把这只精美的陶罐搬回家中放到了屋角的一块石头上。

陶罐认为主人把自己放错了地方,整天唉声叹气地抱怨说:"我这么漂亮,这么精致,为什么不把我放到皇宫作为收藏品呢?即使摆放到商店展出也比待在这儿强啊!"陶罐底下的石头听了忍不住劝它:"这儿不是也挺好吗?我比你待的时间还久呢。"陶罐听了,讥讽石头说:"你算什么东西?只不过是一块垫脚石罢了,你有我这么漂亮的图案么?和你在一起我真感到羞耻。"石头争辩说:"我确实不如你漂亮好看,我生来就是做垫脚石的,但在完成本职任务方面,我不见得比你差……""住嘴!"陶罐愤怒地说,"你怎么能和我相提并论!你等着吧,要不了多久,我就会被送到皇宫成为收藏品……"它越说越激动,不提防摇晃了一下,"哗啦"掉在了地上,摔成了一堆碎片。

一年又一年过去了,世界发生了许多事情,一个又一个王朝覆灭了,陶工的房子早已倒塌了,石块和那堆陶罐碎片被遗落在荒凉的场地上。历史在它们上面积满了渣滓和尘土,一个世纪连着一个世纪。

规划路线，成就事业

许多年后的一天，人们来到这里，掘开厚厚的堆积，发现了那块石头。人们把石头上的泥土刷掉，露出了晶莹的颜色。"啊，这块石头可是一块价值连城的宝玉呢！"一个人惊讶地说。

"谢谢你们！"石头兴奋地说，"我的朋友陶罐碎片就在我的旁边，请你们把他也发掘出来吧，它一定闷得受够了。"

人们把陶罐碎片捡起来，翻来覆去查看了一番，说："这只是一堆普通的陶罐碎片，一点价值也没有。"说完就把这些陶罐碎片扔了。

社会是一个舞台，要想在这个舞台上当一名好演员就必须根据自己的素质、才能、兴趣和环境等条件，选择适合自己的社会角色，只能演配角就不用去争主角，适合当士兵就不要奢望当将军。如果认不清自己，不满足于普通的角色，像故事中的陶罐那样，一心想成为皇宫的收藏品，把自己摆错了位置，到头来只会白费力气，一事无成。反之，一旦选准了合适的角色，走向成功也是顺理成章的事情。

在生活中，谁都想最大限度地发挥自己的能力，在更大程度上获得社会的承认。而要想做到这一点，你就必须根据自己的特长和爱好选准适合自己扮演的社会角色。

 小贴士

> 某一角色，即是与某一特殊位置有关联的行为模式，换句话说，每一个社会角色都代表着一套有有关行为的社会标准……也可以说角色乃是社会对个人职能的划分，它指出了个人在社会中的地位和社会关系的联系位置，也代表了每个人的身份。
>
> ——《社会心理学》
>
> 一个重视贡献的人，为成果负责的人，不管他职位多卑微，他仍属于"高层管理者"。
>
> ——德鲁克

 小实验

选择职业的原则

① 择己所爱

从事一项你所喜欢的工作，工作本身就能给你一种满足感，你的职业生涯也会从此变得妙趣横生。兴趣是最好的老师,是成功之母。调查表明:兴趣与成功概率有着明显的正相关性。在设计职业生涯时务必注意考虑自己的特点,珍惜自己的兴趣,选择自己喜欢的职业。

② 择己所长

任何职业都要求从业者掌握一定的技术,具备一定的能力。而一个人一生中不能将所有技能全都掌握。所以你必须在选择职业时择己所长,从而有利于发挥自己的优势,运用比较优势原理充分分析别人与自己,尽量选择冲突较少的优势行业。

③ 择世所需

社会的需求不断演化着,旧的需求不断消失,新的需求不断产生,新的职业也不断产生。所以在设计你的职业生涯时,一定要分析社会需求,择世所需。最重要的是,目光要长远,能够准确预测未来行业或者职业发展方向,再做出选择。不仅仅是社会有需求,并且这个需求要长久。

④ 择己所利

职业是个人谋生的手段,其目的在于追求个人幸福。所以你在择业时,首先考虑的是自己的预期收益——个人幸福的最大化。明智的选择是在由收入、社会地位、成就感和工作付出等变量组成的函数中找出一个最大值。这就是选择职业生涯中的收益最大化原则。

请根据上述原则谈谈你将如何选择职业?

_____

_____

规划路线，成就事业

第二章　如何横渡江河

你今天是个学生，明天会成为职场中人，既然确定了职场目标，就要思考怎样达到你的目标？幸福就在彼岸，可是江中有激流也有险滩，还有惊涛骇浪，如何横渡江河？是等待机会，还是创造机会？是事先规划好路线，还是随波逐流？

话题 1　创造到达彼岸的机会

 案例分享

在第二次世界大战结束后，美国建筑业迅速发展，城市里到处都可以看见招募工匠的广告。一时间，建筑工匠的行情看涨，待遇也因此节节升高，其中有位曾经做过这类工作的年轻人，一听说城里正在高薪招募工人，立即放下手边的所有工作，进城寻找新的工作机会。

然而，当他抵达城市后，看见四处张贴的广告，他不禁困惑地想：没想到工匠的需求量这么大，哪一家公司福利比较好、比较稳定呢？

烦闷了半天的他，忽然跳了起来，开心地敲了一下自己的脑袋，惊醒似的说："我何必去应征工匠呢？"

年轻人立即回到家乡，他筹措了一些资金，接着又回到城里租了一间小店面。第二天，他在门口张贴了一张广告纸，上面写着"资深工匠培植新人训练所"。

许多想应征工匠的人，因为没有这方面的技能而无法被录用，当他们听说有这么一间训练所后，纷纷上门求教，并当场交了学费，立接上课。这个脑筋动得快的年轻人，转了个弯，利用他的专业技能，赚进了大把钞票，这比他卖力地付出汗水做工匠所能获得的薪资，要多上好几十倍呢！

 思维激荡

1. 故事中的这位年轻人为什么能赚进大把钞票？

2. 你认为什么样的人能够抓住机会、创造机会？

 理论工具箱

机会是可以创造的

中国有一个寓言,叫守株待兔,说的是有一位农夫在耕田时,正好有一只兔子撞到一株树桩上而死,于是这位农夫放下手里的农活,天天守在这棵树旁,准备捡撞死的兔子。

听这个故事时,我们人人都知道这个农夫好笑,但在实际生活中,像这位农夫那样一心坐等机会来临的,大有人在。

其实,机会不会主动来敲你的门,在很多时候还得靠自己去发现,去挖掘,甚至还得靠自己去创造。你能不能获得机会、利用机会,主要取决于你的工作能力、行动决心、想象力、经验以及业务知识。

一次难得的机会,可能同时出现在众多的人面前,大多数人都会视而不见,或者虽然有些人发现了,但没有足够的能力和经验去利用它。因此,任何人都没有权利抱怨缺乏机会,或为自己的平庸辩解,声称他从来没有获得任何机会。始终找不到机会的只有一种人,就是那些根本不打算利用机会的人。

机会的降临有一个过程,但如何等待也是一门学问。消极的等待是浪费生命,而积极的等待却完全不同。积极等待,是做了一切应做的事前准备工作后,等待结果。也就是说,在付出了必须付出的劳动之后,在结果未明朗化之前,耐心地关注事态的发展,在等待期间,内心盘算下一个步骤。若取得预期的成果,这是应得的收获;即使失败了,也不要紧,可以把这次经验作为下一步行动的宝贵的借鉴。

积极的等待强调"积极"二字,即重视那些应做的工作,竭力将其做好。如同自己同时充当采购和厨师,由买菜到烹调,自己全程参与,制成美味菜肴,然后等待筵席的开始;消极的等待是什么也不做,只等着吃免费的午餐,如守株待兔的农夫。

机会不仅可以积极等待,还可以自己创造,创造机会比等待机会更为重要。因为现成的机会毕竟不多,等待机会显得过于被动,而创造机会却能充分发挥自己的主观能动性,把握甚至改变事情的发展趋势。因此,莎士比亚说:"聪明人会抓住每一次机会,更聪明的人会不断创造新机会。"

创造机会又是怎样的一种形式呢？简单来说,创造机会是有目的地、主动地去制造或发掘有利的环境,利用现有的资源,以最有效的方式,制造或增加利益。

小贴士

> 如果有人错过机会,多半不是机会没有到来,而是因为等待机会者没有看见机会到来,而且机会过来时,没有一伸手就抓住它。
>
> ——罗曼·罗兰
>
> 在这个世界上取得成就的人,都努力去寻找他们想要的机会,如果找不到机会,他们便自己创造机会。
>
> ——萧伯纳

 小实验

19世纪中叶,美国加利福尼亚州传来了发现金矿的消息。许多人为这一个难得的良机纷纷向加州奔去……一场淘金热在美国西部掀起了。

在涌向西部淘金的人流中,有一个叫亚默尔的17岁的小农夫,他历尽千辛万苦赶到加利福尼亚,投入了淘金的大潮。一晃一个月过去了,他同多数人一样,连一两金子也没挖到。亚默尔倒在一群在沙地上歇息的淘金者中间,劳累和失望使他只想痛痛快快地睡上一觉。

这时,他耳边响起了嘀嘀咕咕的怨声:

"谁让我喝一壶凉水,我情愿给他一块金币。"

"谁让我痛饮一顿,龟孙子才不给他两块金币。"

"谁给我一碗水,老子出三块金币。"

随后,是一串沉重而又无可奈何的长长的叹息……

淘金梦是美丽的,西部艰苦的生活却让人难以忍受。特别是这里气候十分干燥,水源奇缺,没有水喝是淘金人最痛苦的一件事。

小亚默尔静静地躺着,仔细地听着人们的抱怨。突然,他产生了一种想法:如果能想方法搞到水并卖给这些渴得要命的人们,岂不是可以更快地赚到钱吗?于是,他毅然放弃找矿,将手中的铁锹由掘金矿变成挖水渠。他把河水从远方引进水池,经过细沙过滤,成为清凉可口的饮用水,然后将水装在桶里,再一壶一壶地卖给淘金人。

当时有人嘲笑他胸无大志:"千辛万苦赶到加州来,不去挖金子发大财,却做这种蝇头小利的买卖。这种生意在哪里不能干,何必老远跑到这里来?"对此,亚默尔毫不介意,继续卖他的饮用水。结果,许多人深入矿山空手而回,有些人甚至忍饥挨饿,流落异乡。而亚默尔却在很短的时间内,靠卖水就赚到 6000 美元。在当时,这可以算是一笔可观的收入了。

谈谈你的生活中因为抓住机会而成功的小故事

_____
_____
_____
_____
_____
_____

话题2　规划行动的路线

案例分享

生活中的阿诺德·施瓦辛格并不像他在银幕上那样威武雄壮,实际上他身高只有 1.84 米,体重 212 磅。他很随便地穿着一件灰色的 T 恤衫,一条卡其布裤子及一件棕色皮夹克,带着为人熟知的微笑,一点也没有大明星的派头。

施瓦辛格幼年时有三个梦想:世界上最强壮的人;电影明星;成功的商人,可谓壮志凌云。

他在 1968 年来到美国,当时仅有的财产是 20 美元,一个装有沾满汗水的运动衫提包和一个梦想。今天,他是最走红的明星,他拍摄的每一部动作片都可使他获得 2000 万美元的收入;他又是成功的商人、不动产巨头和餐馆老板;他还得到美国共和党人的支持——渴望有一天他会屈尊参与共和党的竞选。

施瓦辛格年轻时,父亲希望他踢足球,他却偏偏迷上了举重和健美运动。他十分投入,父母亲怕他锻炼过量,不得不限制他去健身房的次数为每周三次,可他在家里把一向没有暖气的房间改为健身房继续锻炼。他说:"我有一套严格的训

规划路线，成就事业

练计划、食谱和比赛计划，我总是把这些内容写出来。我不能在镜子里看到自己的肌肉松弛的样子，不能违反自己制订的计划。"坚持不懈地努力使施瓦辛格成为最知名的健美运动员。从影前他一共获得过八次"奥林匹克先生"和五次"环球健美先生"的荣誉。

施瓦辛格总是充满自信。他在1973年出版的自传小说《阿诺德，一个健美运动员的成长》中说："我知道我是一个赢者，我知道我一定要做伟大的事情。"在洛杉矶定居后，他不满足于只是个健美冠军，立即向世界富豪的目标前进。

最初，他为经纪人乔·维德的健美杂志写文章，得到免费提供的一个单元房，一辆车和每周60美元的酬金。与此同时，他又和几个健美比赛时的朋友一起雇佣了几个健美教练开办了一家健身房，还用函授方式讲授健美课程。

施瓦辛格是天生的生意人和销售员。他自己设计了函授宣传册，用自己的积蓄购买了公寓房作为办公室。他自己也去读夜校，同时到三所学校学习营销、经济学、政治学、历史和艺术。他说：要你努力工作，你就可以实现理想。

无穷的抱负和充沛的精力使施瓦辛格永远地迎接新的挑战。作为一名健美运动员，他从很早开始就具有表演的才能。身居洛杉矶，好莱坞近在咫尺。于是他有了下一步的目标。

"我总是在强烈地受到表演艺术的吸引，我喜欢表演，喜欢发挥自己。我在观众面前表现得越多，对自己的期望值也越高，就越能从观众的掌声中得出结论，我的事业应该是表演。"

施瓦辛格的第一部电影是《大力神在纽约》，只在电视中播出。影片中，施瓦辛格的声音是后来配进去的。在招贴画中，他的名字改为阿诺德·斯特朗——他的口音被认为太难听懂，人们也不会读他的拗口的名字，但他内心深处认为改名是不正确的。

1979年，当施瓦辛格的电影生涯真正开始时，他开始使用自己的原声和本名。与此同则，他放弃了健美事业，全身心地投入表演中。施瓦辛格从来就相信自我完善。于是，他开始进修表演、对话和纠正口音这三门课。他不断地练习发那些母语中没有的音，直到精疲力竭。可是，正如他不愿永远改名一样，他也不愿永远改掉自己的乡音。

至今他说英语仍然带着浓浓的奥地利口音。施瓦辛格的成名作是影片《终结者》。这部电影被《时代》周刊评为1984年十部最佳影片之一。目前，他正试图从拍摄耗资巨大的动作片转为拍摄耗资较小的喜剧片，如《龙兄鼠弟》《年幼者》《一路叮当》等。他的喜剧才能依赖于他庞大的体形，有人说他的姿态僵硬笨拙，也有人说他所演的动作片情节荒诞和有暴力行为，但是，即使在最粗鲁的动作片中，他特有的幽默感也会将他和史泰龙、诺利斯以及其他同样擅长死亡和毁灭主题的演员区分开。

 思维激荡

1. 施瓦辛格幼年时有哪些梦想？这些梦想后来都实现了吗？

2. 施瓦辛格是怎样实现自己的梦想的？

 理论工具箱

成功的人可以无数次修改方法，但绝不轻易放弃目标；不成功的人总是变化目标，却从不改变方法。

施瓦辛格的成功，让我们再一次看到了一个普通人是如何通过自己的努力，一步一步将自己的梦想变作现实的；让我们再一次看到一个普通人的美国梦是如何实现的；让我们联想到中国古代一个名叫陈胜的年轻人的话："王侯将相，宁有种乎？"

成功不易，但也并非想象中的那么难。施瓦辛格正是用自己的成功史向我们阐释了职业生涯规划的真谛所在。

其实，职业生涯规划就像爬山，也像开汽车，需要不断调整方向，也需要有阶段性，当然还需要一定的外在因素。假如施瓦辛格第一步就将自己的职业生涯规划定位于政治家，那么，他可能不会这么顺利成功。

第一步是第二步的基础，第二步是第一步的延续。我们现在一些年轻人看到别人的成功后，心里就有点不安分，眼里就有点泛红光，就迫不及待，急于求成，妄想一步登天。世界上的事情，肯定是有因有果的，绝对没有空中楼阁。

施瓦辛格当过兵，开过小差，但他能在众多的复杂环境中随时势的变化而不断调整。应该说，政治家并非他的一贯理想，但时机成熟了，条件水到渠成，他也就理所当然可以把政治家作为自己奋斗的目标了。

施瓦辛格善于创造条件来完成自己的职业生涯规划。他娶了个很有背景的老婆，据说是肯尼迪家族的后裔玛利亚，对他进军政坛有极大的帮助。自18岁获得欧洲健美冠军以后，施瓦辛格怀揣20美元到好莱坞闯荡天下，意图做个电影明星。演员生涯的成功，为他成功进军商界打下了坚实的基础。而在维斯康星大学攻读商业和经济学,更是让他快速成为身价20亿美元的亿万富翁。

不畏艰辛、坚定意志、不断调整,阶段性地实现自己的近期目标,把近期目标与远期理想联系起来,这才是切实可行的职业生涯规划。

 小贴士

PPDF 方法

PPDF 的英文全称是:Personal Performance Development File。

中文意思:个人职业表现发展档案,也可译成个人职业生涯发展道路。

1. PPDF 的主要目的

PPDF 是对员工工作经历的一种连续性的参考。它的设计使员工和他的主管领导,对该员工所取得的成就,以及员工将来想做些什么有一个系统的了解。它既指出员工现时的目标,也指出员工将来的目标及可能达到的目标。它标示出,你如果要达到这些目标,在某一阶段你应具有什么样的能力、技术及其他条件,等等。同时,它还帮助你在实施行动时进行认真思考,看你是否非常明确这些目标,以及你应具备的能力和条件。

2. 怎样使用 PPDF

PPDF 是两本完整的手册。当你希望去达到某一个目标时,它为你提供了一个非常灵活的档案。将 PPDF 的所有项目都填好后,交给你的直接领导一本,员工自己留下一本。领导会找你,你要告诉他你想在什么时间内,以什么方式来达到你的目标。他会同你一起研究,分析其中的每一项,给你指出哪一个目标你设计得太远,应该再近一点儿;哪一个目标设计得太近,可以将它往远处推一推。他也可能告诉你,在什么时候应该和电大、夜大等业余培训单位联系,他也可能会亲自为你设计一个更适合于你的方案。总之,不管怎样,你将单独地和你相信的领导一同探讨你该如何发展、奋斗。

3. PPDF 的主要内容

(1) 个人情况

A. 个人简历:包括个人的生日、出生地、部门、职务、现住址等。

B. 文化教育:初中以上的校名、地点、入学时间、主修专题、课题等。所修课程是否拿到学历,在学校负责或参加过何种社会活动等。

C. 学历情况:填入所有的学历、取得的时间、考试时间、课题以及分数等。

D. 曾接受过的培训:曾受过何种与工作有关的培训(如在校、业余还是在职培训)、课题、形式、开始时间等。

E. 工作经历：按顺序填写你以前工作过的单位名称、工种、工作地点等。

F. 有成果的工作经历：写上你认为以前有成绩的工作是哪些，不要写现在的。

G. 以前的行为管理论述：写你对工作进行的评价，以及关于行为管理的事情。

H. 评估小结：对档案里所列的情况进行自我评估。

（2）现在的行为

A. 现时工作情况：应填写你现在的工作岗位、岗位职责等。

B. 现时行为管理文档：写上你现在的行为管理文档记录，可以在这里加一些注释。

C. 现时目标行为计划：设计一个目标，同时列出和此目标有关的专业、经历等。这个目标是有时限的，要考虑到成本、时间、质量和数量的记录。如果有什么问题，可以立刻同你的上司探讨解决。

D. 如果你有了现时目标，就请写出它是什么。

E. 为每一个目标设定具体实现的期限。此处写出你和上司谈话的主要内容。

（3）未来的发展

A. 职业目标：在今后的 3～5 年里，你准备在单位里做到什么位置。

B. 所需要的能力、知识：为了达到你的目标，你认为应该拥有哪些新的技术、技巧、能力和经验等。

C. 发展行动计划：为了获得这些能力、知识等，你准备采用哪些方法和实际行动。其中哪一种是最好、最有效的，谁对执行这些行动负责，什么时间能完成。

D. 发展行动日志：此处填写发展行动计划的具体活动安排，所选用的培训方法。如听课、自学、所需日期、开始的时间、取得的成果等。这不仅仅是为了自己，也是为了了解工作、了解行为。同时，你还要对照自己的行为和经验等，写上你从中学到了什么。

 小实验

在不同年龄段，做职业规划侧重点不同，你将如何规划？

（1）在 30 岁前确定并找到长期发展的职业。

（2）在 35 岁之前一定要有管理下属的经验——至少是主管。

（3）45 岁，能否做到中高层的分水岭——总监及以上级别不是每个人都能做到的。

(4) 50 岁之后，留意合适工作之外的生财之道。

第三章 寻找我的渡船

确定了目标,也确定了航线,那就让我们扬帆起航吧。哦,别急,还先得有合适的渡船。我的渡船在哪里? 配置怎样? 有什么特点? 能不能渡我到彼岸?

话题1 分析自己的人生目标

 案例分享

1949年10月1日,新中国诞生了。钱学森兴奋极了。就在那年的中秋节,钱学森夫妇心中萌发起一个强烈的念头:回到祖国去,为新生的祖国贡献自己的智慧和力量。

1950年7月,已经下定决心返回祖国的钱学森,会见了主管他研究工作的美国海军次长,告诉他准备立即动身回国。这位次长大为震惊。他认为,钱学森无论在哪里都抵得上五个师。他曾经说过:我宁肯枪毙他,也不愿放他回中国。

然而,事情并没有完。美国移民局非法限制钱学森的自由,为了减少朋友们的麻烦,整整五年,钱学森处在与世隔绝的境地。但是,这种变相软禁的生活,并没有磨掉钱学森夫妇返回祖国的意志。他的夫人蒋英回忆说:"那几年,我们总是摆好三只轻便的小箱子,天天准备随时搭飞机动身回国。"

为了回国的方便,他们租住的房子都只签订一年合同。五年中他们竟搬了五次家。那时候,他七岁的儿子和五岁的女儿也都知道,在一个离美国远远的地方——中国,有他们的祖父和外祖母在想念着他们。

1955年6月,饱受折磨的钱学森为了早日回到祖国,写信给人大常委会,向祖国母亲发出了求救的呼声。周恩来总理对此非常重视,立即指示,速将此信送给中国驻波兰大使王炳南,指示他在中美大使级会谈中,据理力争,设法营救钱学森回国。在铁的事实面前,美方代表无言以对。不久,美有关方面匆忙通知钱学森可以离美回国。

1955年9月17日,经过长达五年多的斗争,钱学森、蒋英和他们的两个孩子,终于胜利地乘坐轮船驶向祖国。

思维激荡

1. 你知道钱学森吗？他为什么要放弃在美国的优越条件，排除重重困难，回到一穷二白的祖国？

_____

2. 钱学森的人生目标是什么？

_____

 理论工具箱

从钱学森的案例，我们可以看到一个可以为了祖国而愿意倾尽自己所有的科学家。钱学森的选择体现了热爱祖国、报效祖国的人生价值观，这也是现在正处于规划自己职业生涯的青年学生应该学习、树立的人生价值观。

每个人都有不同的梦想，但是基本需求都相同。有的人达到目标之后，不禁又问：我要的只有这些吗？

这是因为他们从未真正了解自己所需，也不知道如何实现理想，只一味盲目地追求环境塑造出来的目标。了解必须恒久履行的六项人类需求，不但可激发自己的潜力，更加了解自己的实力，也能督促自己不断地向前努力迈进。

接下来我们将探讨推动您向前迈进的六项基本需求，但是首先必须要了解自己的需求是什么，然后依此寻找出"方法"或计划对策，有的将会大幅影响我们的生活，有的则是满足短暂的需求，过一阵子便失去作用。

例如，为了突显自己的特点，有的人设法击败别人，有的人收集所有的玩具，有的则是付出独特而有意义的贡献。选择的方法可解决当前甚至是长远未来的所需，同时也影响您未来是否能够获得成长或能够作出贡献，测定的方法是，回想过去生活中的经验，并将其分为四类，以下是四种类型的详细说明。

第一类经验是：

1. 感觉舒适。
2. 对自己有利。
3. 对他人有利。
4. 有非常大的益处。

如果经验中有这几项标准，通常称为"最佳人生经验"。

第二类经验是：

1. 感觉不安。
2. 但对自己有利。
3. 对他人有利。
4. 有非常大的益处。

这些通常是我们不想要的经验，但因为属于正常人的行为，往往也会为我们带来快乐，如果能够掌握，感觉则相当充实。

感觉踏实的秘诀是，试着将第二类经验转换成第一类。例如，学习如何调适自己的情绪，接受感觉不安但对自己、对他人都有利和有益的事情，试着让自己快乐地面对处理过程。

本课程中教导您使用的工具，便能协助您调适自己，了解其中的价值，当您知道如何接受有助于自己和其他人自觉生活的事情，必能拥有只有少数人才可获得的骄傲、鼓励和自信心。

第三类经验是：
1. 感觉舒适。
2. 对自己有害。
3. 对他人有害。
4. 没有任何益处。

这些是生活中常见的、无建设性的体验。例如，饮酒过量便属于这一类。第三类经验虽可为您带来短暂的快乐，但时间久了，将会破坏生活品质，带来莫大的痛苦。

第四类经验是：
1. 感觉不安。
2. 对自己有害。
3. 对他人有害。
4. 没有任何益处。

为什么有人依然沉溺于第四类经验中？例如，第一次吸烟，感觉必定不是很好。但是沉溺第四类经验的人，只是因为来自外界的压力，或是为了适应环境和旧有的观念。必须强迫自己忘却和抛弃第四项经验，才可充分发挥自己的潜能。

必须恒久履行的六项人类需求为：确定性、不确定性、重要性、连接、成长、贡献。

因为人类具备的六项同样需求，大家都有同样的问题，此外，这些需求彼此相互矛盾，相互冲突。如果选择错误的方式去满足这些需求，将会产生严重的后果，但是我们可以建立新的执行模式，迅速地主宰自己的生活。

所有的人类都必须感觉：

1. 确定性

对大多数人来说，感觉确定性即是充满希望，我们都需要确定性，远离痛苦、增加快乐。有些人为了获得确定性，便设法控制周围的事物，此类行为属于第三类经验，即短时间内感觉舒适，但对自己并不利，对他人也不利，更没有任何益处。

另一方面，借由内心的勇气和信念取得确定性，便属于第一类经验。有勇气坚守信念，感觉舒适，对自己有利，心中充满勇气和坚定的信念，让自己更努力做有益的事。

但此说法仍有自相矛盾的地方，当一个人内心感觉踏实，对事情有把握，满足了一己的需求之后，很可能觉得无聊。需要确定性的同时，我们也需要……

2. 多样化

每个人都喜欢多样化、惊喜、充满活力的挑战性，以及体验满足的感觉。感觉过于踏实，便觉得无趣，同样的，过于多样化，又会因觉得恐惧而没有安全感。

生活中需要某些程度的踏实感，协调多样化的感受，我们必须在两项需求之间寻找平衡点，才能感到满足，有些人选择多样化，像是借着药物或酒精，有些人选择看电影，有人则从刺激性的对话和生活中的机会不断学习，让心灵与感觉不断产生变化。

3. 重要性

每个人都希望自己具有重要性（或独特性），希望在某方面有特殊的能力，生活有特殊的目标或意义。可借由消极的方式——认定自己独特的个性，达到这项需求。例如，想象自己比其他人都优秀。有的人可能故意制造问题，创造自己的独特性，医学界也显示，有的人刻意加重自己的病情，引起他人的关怀或注意，这些情况都属于第四项经验。

为了显示自己的重要性，每个人的表示方法都不同，有些人努力赚更多的钱，有些人收集玩具，进修念书以取得更高的学位，或是穿着特殊，独具风格，甚至我们也可以让生活更有意义，虽然这些项目有时也有点类似第二类经验，但仍应属于第一类。

请记得，每个人都应认为自己具有独特的价值，但矛盾的是，如果要使自己的特点显著，有时必须特立独行；而如果觉得自己很独特，同样也会觉得自己与他人不大一样，甚至孤立，便违反下列需求……

4. 连结

包括彼此相互关怀的人之间的连结。若要满足这项需求，您可加入建设性目标的群组或团体。加入帮派将有负面的影响，但是他们彼此之间仍维持密切的连结,就像信仰宗教,追随上帝,时时刻刻获得它的指引,这也是一种密切的连结。

如上所述,有些人刻意加重病情,为了和他人联络的关系。一些人努力地提高原来的地位,希望获得高阶层人士的接纳关爱。请记得一项简单的道理,所有人的需求都相似,如果持续地付出自己希望得到的同等对待,他人必定会以同样的回应对待自己。

5. 成长

成长就是生活,地球上所有的物质,不是处于生存状态便是死亡状态,成长是生活中主要需求之一,与拥有金钱的多寡、结识朋友的多少,甚至一生的成就的高低均无关。除非觉得自己不断成长,否则人生必定痛苦无趣,此外,您必须同时体验快乐、有意义的……

6. 贡献

人人都应超越自我,这样您将体验真正的喜悦和成就感。那些不单使他人受惠,同时也使自己的贡献,绝对是有意义的行为,同时,这些无私的奉献将为您带来一生难能可贵的喜悦。

如果您认为有趣的行为,可能对其他人来说是麻烦事(您却可以不停地做数小时)。相信您必定认为其中具备确定性、多样化、重要性、连结、成长和贡献的感受。

当我们察觉出某项行为合乎自己的需求,必定会付诸实际行动;同样的,自己一向逃避或拖延的某些事情,必定是因为过去和现阶段的经验,让您倍感没有把握,缺乏乐趣(也许已经确定将是种痛苦的经验),认为并不符合自己的需求。

只要稍微改变观念(注意、体会或信仰)或策略(如何达到目的的方法),人类所有的行为均将符合以上这六项需求。如果掌握了符合六项需求的方法,您会发现自己充满干劲,明确地知道如何达成目标,从全新的体认开始——明确了解自己的目标和理想,找到全新的努力方向。

 小贴士

> 过去属于死神,未来属于你自己。
> ——雪莱
> 当你的希望一个个落空,你也要坚定,要沉着!
> ——朗费罗
> 古之立大事者,不唯有超世之才,亦必有坚忍不拔之志。
> ——苏轼

小实验

"菲尔人格测试"是关于人生规划的一个著名测试。这个测试是菲尔博士在美国著名脱口秀顶级主持人欧普拉的节目里做的,结论比较科学。答题时要依现在的您,不要依过去的您。

这是一个目前很多大公司人事部门实际采用的测试。

1. 你何时感觉最好?(　　)

   A. 早晨。

   B. 下午及傍晚。

   C. 夜里。

2. 你走路时是(　　)

   A. 大步快走。

   B. 小步快走。

   C. 不快,仰着头面对着世界。

   D. 不快,低着头。

   E. 很慢。

3. 和人说话时,你(　　)

   A. 手臂交叠地站着。

   B. 双手紧握着。

   C. 一只手或两手放在臀部。

   D. 碰着或推着与你说话的人。

   E. 玩着你的耳朵、摸着你的下巴或用手整理头发。

4. 坐着休息时,你的(　　)

   A. 两膝盖并拢。

   B. 两腿交叠。

   C. 两腿伸直。

   D. 一腿蜷在身下。

5. 碰到你感到发笑的事时,你的反应是(　　)

   A. 一个欣赏的大笑。

   B. 笑着,但不大声。

   C. 轻声地略略地笑。

   D. 羞怯地微笑。

6. 当你去一个派对或社交场合时,你会(　　)
   A. 很大声地入场以引起注意。
   B. 安静地入场,找你认识的人。
   C. 非常安静地入场,尽量保持不被注意。

7. 当你非常专心工作时,有人打断你,你会(　　)
   A. 欢迎他。
   B. 感到非常恼怒。
   C. 在上述两极端之间。

8. 下列颜色中,你最喜欢哪一种颜色?(　　)
   A. 红或橘色。
   B. 黑色。
   C. 黄或浅蓝色。
   D. 绿色。
   E. 深蓝或紫色。
   F. 白色。
   G. 棕或灰色。

9. 临入睡的前几分钟,你在床上的姿势是(　　)
   A. 仰躺,伸直。
   B. 俯卧,伸直。
   C. 侧躺,微蜷。
   D. 头睡在一手臂上。
   E. 被子盖过头。

10. 你经常梦到你在(　　)
    A. 落下。
    B. 打架或挣扎。
    C. 找东西或人。
    D. 飞或漂浮。
    E. 你平常不做梦。
    F. 你的梦都是愉快的。

分　值

1. (A) 2　　(B) 4　　(C) 6
2. (A) 6　　(B) 4　　(C) 7　　(D) 2　　(E) 1

规划路线，成就事业 04

3. (A) 4　　(B) 2　　(C) 5　　(D) 7　　(E) 6
4. (A) 4　　(B) 6　　(C) 2　　(D) 1
5. (A) 6　　(B) 4　　(C) 3　　(D) 5
6. (A) 6　　(B) 4　　(C) 2
7. (A) 6　　(B) 2　　(C) 4
8. (A) 6　　(B) 7　　(C) 5　　(D) 4　　(E) 3　　(F) 2　　(G) 1
9. (A) 7　　(B) 6　　(C) 4　　(D) 2　　(E) 1
10. (A) 4　　(B) 2　　(C) 3　　(D) 5　　(E) 6　　(F) 1

现在将所有分数相加，再对照后面的分析

【低于21分：内向的悲观者】

人们认为你是一个害羞的、神经质的、优柔寡断的人，是需要人照顾、永远要别人为你做决定、不想与任何事或任何人有关。他们认为你是一个杞人忧天者，一个永远看到并不存在的问题的人。有些人认为你令人乏味，只有那些深知你的人才知道你不是这样的人。

【21分到30分：缺乏信心的挑剔者】

你的朋友认为你勤勉刻苦、很挑剔。他们认为你是一个谨慎的、十分小心的人，一个缓慢而稳定辛勤工作的人。如果你做任何冲动的事或无准备的事，你会令他们大吃一惊。他们认为你会从各个角度仔细地检查一切之后仍经常决定不做。他们认为对你的这种反应一部分是因为你小心的天性所引起的。

【31分到40分：以牙还牙的自我保护者】

别人认为你是一个明智、谨慎、注重实效的人。也认为你是一个伶俐、有天赋有才干且谦虚的人。你不会很快、很容易和人成为朋友，却是一个对朋友非常忠诚的人，同时要求朋友对你也有忠诚的回报。那些真正有机会了解你的人会知道要动摇你对朋友的信任是很难的；同样，一旦这信任被破坏，会使你很难熬过。

【41分到50分：平衡的中道者】

别人认为你是一个新鲜的、有活力的、有魅力的、好玩的、讲究实际、而永远有趣的人；一个经常是群众注意力的焦点，但你是一个足够平衡的人，不至于因此而昏了头。他们也认为你亲切、和蔼、体贴、能谅解人；一个永远会使人高兴起来并会帮助别人的人。

【51分到60分：吸引人的冒险家】

别人认为你是一个令人兴奋的、高度活泼的、相当易冲动的人。你是一个天生的领袖、一个做决定会很快的人——虽然你的决定不总是对的。他们认为你是大胆的和冒险的,对任何事情都会愿意至少试做一次;是一个愿意尝试机会而欣赏冒险的人。因为你散发的刺激,他们喜欢跟你在一起。

【60分以上:傲慢的孤独者】

别人认为对你必须"小心处理"。在别人的眼中,你是自负的、自我中心主义者,是个有极端支配欲、统治欲的人。别人可能钦佩你,希望能多像你一点,但不会永远相信你,会对与你更深入地来往有所踌躇及犹豫。世界本来就是层层嵌套、周而复始的,不以任何的意志而改变。

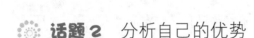

话题2　分析自己的优势

 案例分享

1929年,纽约股市崩盘,美国一家大公司的老板忧心忡忡地回到家里。

"你怎么了?亲爱的!"妻子笑容可掬地问道。

"完了!完了!我被法院宣告破产了,家里所有的财产明天就要被法院查封了。"他说完便伤心地低头饮泣。

妻子这时柔声问道:"你的身体也被查封了吗?"

"没有!"他不解地抬起头来。

"那么,我这个做妻子的也被查封了吗?"

"没有!"他拭去了眼角的泪,无助地望了妻子一眼。

"那孩子们呢?"

"他们还小,跟这档子事根本无关呀!"

"既然如此,那么怎能说家里所有的财产都要被查封了呢?你还有一个支持你的妻子,以及一群有希望的孩子,而且你有丰富的经验,还拥有上天赐予的健康的身体和灵活的头脑。至于丢掉的财富,就当是过去白忙一场算了!以后还可以赚回来的,不是吗?"

三年后,他的公司再度成为《财富》杂志评选的五大企业之一。这一切就仅靠他妻子的几句话而已。

规划路线，成就事业

思维激荡

1. 美国这位大公司的老板东山再起，靠的是什么？

2. 与周围的人比比，你有哪些优势？

理论工具箱

利用以下五个步骤分析你的优势。

1. 列出你的优势。你首先考虑的是通过工作经验和教育而获得的具体技能与知识。更软性的内在优势虽然不明显，但它们更是基础。回顾自己早期的工作和求学过程，你最享受的是什么？你最擅长的是什么？当前的工作可能会给你线索。注意找的话，有意外发现。

2. 征求别人的建议。请现在或以前的同事给你毫不留情的、诚实的反馈。他们提到的优势，可能你自己还未意识到；他们对你提到的优点提出质疑，或是他们的提问让你想到新的优势。问题就像滚雪球一样越滚越多：我最擅长的是什么？我可以利用的优势有哪些？我的弱点有哪些？什么样的工作我应该避免？哪些工作应该是我的目标？

3. 回顾过去的反馈。回顾过去上司给你的绩效评估或结论。

4. 聘用你自己。考虑聘用自己来做目前的工作，就好像你还未得到这份工作。问问自己，为什么你会（或不会）被聘用。

5. 回头再看你列的优势清单。回头看看你一开始列出的优势，加以修改，增补你意识到的其他优势，并进行分类、排序。要具体，因为通用的优势容易用言语概括，但对你的帮助很少；具体的优势更可信，并自然而然地指引你获得一些机会。

小贴士

在你感到沮丧的时候,请列出一张详细的生命资产表——你有没有完好的双手双脚?有没有一个会思考的大脑和健康的身体?有没有亲人、朋友、伴侣、孩子?有没有某方面的知识和特长?把注意力放在你所拥有的,而不是没有的或失去的部分,你将会发现,原来自己已经够幸运。

 小实验

辩 论 会

正方:每个人都有自己的优势

反方:有些人没有自己的优势

 话题3 分析挑战与机会

 案例分享

2009年至2010年上半年这段时间,猪肉价格经历了一次低谷,这对于养猪户来说,是一次莫大的挑战。在这次挑战中,许许多多的养猪户"倒下"了,然而四川省内江市资中县高楼镇永定村7组的养猪户,不但没有"倒下",还迎来了新的发展机遇。他们是怎么做到的呢?

原来,当猪肉价降价风暴袭来的时候,在他们看来,这不是结束,而是一个崭新的开始。郭仲魁和许多养猪户一样,在2009年以前,养殖的基本是本地的土杂猪,生长慢,耗料多,成本高,几次都打算进行淘汰,引进良种猪,但是碍于高昂的仔猪价,既怕耽误时间,又怕错过好的价格,舍不得进行处理。郭仲魁说:"这次猪价下降,正好帮助我们进行品种改良,成功引进了良种猪,淘汰了本地土杂猪。"现

规划路线，成就事业

在，郭仲魁的猪场内，全是新引进的良种猪三元杂交。生长速度快，耗料省，成本也降低了。"这不，第一批良种肥猪出栏，就赶上现在 6 元多一斤的好价钱，又能够好好的赚上一笔了。"郭仲魁说完这些话，哈哈地笑了起来。

在这次猪肉降价风暴中，永定村 7 组的李德军改良了配料方法，节约了成本。以前猪长一斤，成本大约在 5 元左右，自己购料、配料饲养后，成本只需 4 元左右，一头猪饲养出栏，大约可以节约成本 100 多元。如今，在节约了成本后，又赶上好的价格，这对于李德军来说，真是喜上加喜，现在每头肥猪出栏又能够给他带来 200 余元的收入。

据了解，在永定村 7 组养猪户们的共同努力下，养猪户们都积极进行了良种引进，饲料配方的改良，并涌现出一批养猪大户，他们的养殖规模，从年出栏几十头到 1000 余头。同时，在养殖大户的带领下，还成立了养猪农民专业合作社，继续带领大家一起养猪致富。

 思维激荡

1. 猪肉价格经历低谷，而永定村 7 组的养猪户却迎来了新的发展机遇，这机遇是什么？

_____

2. 你认为怎样才能抓住机遇？

_____

 理论工具箱

挑战和机遇并存

生命中随处是机遇，许多机遇就藏在一个又一个挫折之中，如果在挫折面前气馁，就可能会与机遇擦肩而过。

积极尝试是最好的方法。在一个现代化的企业中，你不需要担心因为尝试而遭到失败。一项对美国多个大公司的首席执行官的调查表明，CEO 们最欣赏的就是那些主动要求做某项新工作的员工。无论能否做好，至少这些员工比那些只会被动接受工作的员工更令人欣赏，因为他们有勇气，积极上进，而且会从尝试中学习到更多的经验。

那些正在选择人生道路的年轻人，应该积极地尝试不同的事情。在美国，父母经常说的一句话是："你没有试过，怎么知道自己不喜欢呢？"大家要充分利用自己的时间,尝试做不同的事情,找到通向成功的路。只有这样,才能在人生之路上邂逅更多的机遇。

美国人很喜欢尝试不同的工作,他们一生中平均要换四次工作。但中国人不愿意换工作,而更倾向于终生从事一种工作。其实,换工作岗位的意义在于,你一开始做的决定并不一定是你的终生决定,你仍然有机会去尝试更多的东西,只有这样才能真正找到自己的兴趣所在,才能最大限度地发挥自己的潜力。

所以,不要因为暂时不了解自己的长处而犹豫不决,积极行动起来吧!你会发现自己的才华和天赋。要珍惜每一次新的尝试,因为机遇往往不会再度降临。要随时做好准备,以免机遇到来时失之交臂,同时也应学会从每一个失去的机遇中吸取教训。此外,只有敢于挑战自我,才能充分地开发自身的潜力。因此大家要经常给自己设立一些极具挑战性、但绝非遥不可及的目标。

机遇不会主动上门,坐等是消极的做法。屠格涅夫说:"等待的方法有两种,一种是什么事也不做地空等,另一种是一边等,一边把事情向前推动。"也就是说,在机遇还没有来临时,就应事事用心,事事尽力。

中国科技大学校长、中科院院士朱清时在大三时被分配到青海做铸造工人。其他分配到厂里的同学大多放弃了学业,整天打扑克、喝酒,但朱清时依然坚持学习数理化和英语。六年后,中国科学院决定在青海做一个重要的项目,这时,朱清时脱颖而出,开始了他辉煌的事业。

很多人可能说他运气好,因为被分配到缺乏人才的青海才有这样的机会。但是,如果他没有积极地学习,那么也无法得到这个机遇。所以,只有做好充分的准备,才能在机遇来临时紧紧抓住,取得成功。

 小贴士

有一家牙膏厂,产品优良,包装精美,受到顾客的喜爱,营业额连续10年递增,每年的增长率10%~20%。可到了第11年,业绩停滞下来,以后两年也如此。公司经理召开高级会议,商讨对策。会议中,公司总裁许诺说:谁能想出解决问题的办法,让公司的业绩增长,重奖10万元。有位年轻经理站起来,递给总裁一张纸条,总裁看完后,马上签了一张10万元的支票给了这位经理。那张纸条上写着:将现在牙膏开口扩大1毫米。消费者每天早晨挤出同样长度的牙膏,开口扩大了1毫米,每个消费者就多用1毫米宽的牙膏,每天的消费量将多出多少呢!公司立即更改包装。第14年,公司的营业额增加了32%。

> 启示:面对生活中的变化,我们常常习惯于过去的思维方法。其实只要你把心径扩大1毫米,你就会看到生活中的变化都有它积极的一面,充满了机遇和挑战。

 小实验

测测你把握机会的能力

机会只会给有所准备的人,而你是不是那个时刻准备把握机会的人呢?下面就来做这个测试题,看看自己是不是那样的人。

题目:有个年轻异性向你问路,而恰好方向相同,你会怎样处理?
1. 告诉她方向相同,可以一起走。
2. 很详细地告诉她,再从后面跟着。
3. 你会默默地带她到目的地。
4. 告诉她走法,自己另走一条路。

测试结果:
1. 选"告诉她方向相同,可以一起走"。

人生何处不相逢,这是一种缘分,你能借此同行,可说是个善于利用机会的人。你做事负责,也能有涵养地为对方着想,懂得尊重别人。

2. 选"很详细地告诉她,再从后面跟着"。

你把自己的事和别人的事,分得很清楚,但不会只告诉人家方法,而自己摆脱。你喜欢跟在人家的后面求安全,也许由于这种原因使你得到许多成功的机会。

3. 选"你会默默地带她到目的地"。

你是一个只顾自己,自求满足的人。你无视对方的困难,而一味强求,因此会制造敌人;但因为你的态度强硬,也有不少人会跟着你走,是属于政治家型的人。

4. 选"告诉她走法,自己另走一条路"。

意志软弱、讨厌人家误解或低估。一旦被人请托,又觉得是一种负担,而感到厌烦。你没有意气相投的朋友,也没有敌人,是一个作风相当独特的人。

综上所述,把握机会,就是把握自己的命运。

第四章　当好船员，驶向成功

作为企业的一名员工，企业的命运就是你的命运，企业是载你到达彼岸的船。一艘船行驶在风平浪静的海上，船上的每个人自然相安无事；倘若一艘船行驶在惊涛骇浪之中，那么，船上的每个人只有团结一致才能渡过难关。员工与企业有着共同的前进方向，在"企业"这艘航船上，你是船员，也是船长；你必须与别的船员相互协作，同舟共济；你将与船共存亡，所以薪酬不是你工作的首要目的。这些观点，你同意吗？

 话题 1　你是船员，也是船长

 案例分享

迈克尔·阿伯拉肖夫是美国导弹驱逐舰"本福尔德号"的舰长。1997年6月，当迈克尔·阿伯拉肖夫接管"本福尔德号"的时候，船上的水兵士气消沉，很多人都讨厌待在这艘船上，甚至希望尽快退役。

但是两年后，这种情况发生了彻底改变。全体官兵上下一心，整个团队士气高涨。"本福尔德号"变成了美国海军的一艘王牌驱逐舰。

迈克尔·阿伯拉肖夫用什么魔法使得"本福尔德号"发生了如此巨大的变化呢？其秘诀概括起来就是一句话："这是你的船！"

迈克尔·阿伯拉肖夫对士兵说："这是你的船，所以你要对它负责，你要让它变成最好的，你要与这艘船共命运，你要与这艘船上的所有人共命运。所有属于你的事，你都要自己来决定，你必须对自己的行为负责！"

从那以后，"这是你的船"就成了"本福尔德号"的口号，所有水兵都认为管理好"本福尔德号"就是自己的职责所在。在这种主人翁精神的感召下，船上所有成员都尽心尽力地做好每一项工作，努力把"本福尔德号"打造成最好的船。

规划路线，成就事业

 思维激荡

1. 迈克尔·阿伯拉肖夫是怎样让美国导弹驱逐舰"本福尔德号"上水兵的精神面貌焕然一新的？

2. 你怎样理解"本福尔德号"的口号"这是你的船"？

 理论工具箱

在波澜壮阔的市场海洋里，公司就像是一条船。无论是老板还是员工，一旦搭上这条船，他们的命运就紧密地联系在一起了，他们有着共同的方向、共同的目的地，船的命运就是所有人的命运。若没有了公司这条船，船上所有的人就无法生存。

对于员工来说，公司就是他的船，一荣俱荣，一损俱损。每个人都要认清自己的位置，充分发挥主人翁精神，树立"企兴我荣，企衰我耻"的意识，这样企业才会是一个同舟共济、充满朝气的团队，否则便只是一个机械化运作的车间，迟早会迷失在市场经济的大潮中。

日本著名企业家松下幸之助说："我的员工要像企业家那样思考，不能只像个被雇来干活的人。"一名优秀的员工只有把公司当成一条与自己命运息息相关的船，像企业家一样思考、工作，才能提升自己的思想，打造过人的业绩。

我国也曾涌现出不少具有这种主人翁精神的先进模范：王进喜、雷锋、焦裕禄、孟泰、时传祥、张秉贵……他们任劳任怨、无私奉献，不计较个人得失，为国家建设和社会进步做出了突出贡献。他们的精神成为时代的强音，鼓舞了一代又一代中国人。

如今，在各大知名企业里，还有很多充满责任感与主人翁精神的优秀员工。远的不说，享誉中外的海尔集团便以重视员工的主人翁精神闻名业界，许多一线员工并不因自己是普通工人就放弃了对企业的关心，而是在工作中不断总结、思考，提出了很多富有创见性的方案，提高企业生产效率，降低生产与管理成本。对此，海尔集团也给予了充分肯定和适当回报，并用工人的名字给改进后的方案或工具命名，像"启明焊枪""晓玲扳手"便是典型的案例。

今天，主人翁精神渐有被打工心态所取代的趋势，许多人把公司当成一个跳板,而不是可以患难与共、同进同退的船。这么做的后果是显而易见的:企业缺乏凝聚力,没有强大的执行力与竞争力,赢利空间有限,而员工敷衍了事、得过且过,甚至朝不保夕,随时有跳槽或被开除的可能……须知,一家公司想要发展壮大,就得学会对社会负责,与经济环境实现良性循环、互相促进。同样,一名员工想要不断成长,也需要对公司负有高度的使命感和责任感。美国戴尔公司的创始人迈克·戴尔甚至认为,一名优秀的员工不仅要明确自身的责任,每天都有事情可做,而且"不管他做的是什么,都要为自己寻找恰当的接班人","万一有人被调离职位了,就要很快有一个新人来填补他这个职位",从而体现出对企业负责到底的精神。这种精神就是把公司当成船,把自己当成船长的负责意识和主人翁精神。

说到船,很多人还会想到引起全球关注的索马里海盗。索马里海域紧靠亚丁湾,海道狭窄,却是很多国家商船的必经之地,成为海盗进行活动的理想地点。更重要的是,索马里自1991年以来便基本上处于无政府状态,没人对贫苦百姓负责,没人约束海盗行为,终于导致海盗队伍日渐壮大,劫船事件有增无减。最后,北约、俄罗斯、印度、欧盟等国家或组织不得不先后宣布派遣军舰前往索马里附近海域执行巡逻任务,保护过往商船。这,就是无人负责的后果。

在巨浪打向船头的时候,船上成员不能各奔东西,弃船逃走,因为那样极可能导致船倾人亡。相反,如果船与船之间进行联合,船员与船员之间通力合作,大家同舟共济、共渡难关,一定可以战胜狂风暴雨,迎来雨后的晴空和美丽的彩虹。

公司就是你的船,不管企业发展顺利与否,不管外界经济环境怎样,不论自己职位是高是低,我们都应该树立起责任意识与主人翁精神。唯有如此,企业与个人才能获得更大的发展空间。作为公司的一员,不管你是部门经理,还是技术开发人员;也不管你是会计、推销员,还是库管员、司机;哪怕你仅仅是一名清洁工,只要你在公司这条船上,你就和公司有了共同的命运。你必须和所有的公司员工同舟共济、乘风破浪,如此方能驶向成功的彼岸。

记住,在公司这条船上,你永远都是主人,而不是一名乘客!

 小贴士

> 每一个人都应该有这样的信心:人所能负的责任,我必能负;人所不能负的责任,我亦能负。如此,你才能磨炼自己,求得更高的知识而进入更高的境界。
>
> ——林 肯

规划路线，成就事业 04

> 社会犹如一条船，每个人都要有掌舵的准备。
>
> ——易卜生
>
> 现代企业管理的重大责任就在于谋求企业目标与个人目标两者的一致。
>
> ——毛仲强

 小实验

责任心测试

假日到公园里享受悠闲时光，你通常会选择什么地方坐着来消磨时间？
1. 能看到人来人往的小径坐椅上。
2. 柳树垂杨的湖畔边。
3. 可以遮阳的凉亭内。
4. 枝叶繁茂的大树底下。

测试结果：

1. 选"能看到人来人往的小径坐椅上"。

你时常会把许多大小事情揽在自己身上，有时不该是你责任范围内的事，也不知为何全落到你的头上来。如果你是真心想担起责任的话，当然没问题，可是如果你每次都为莫名其妙就身负重任而苦恼不已的话，那你就得学习着如何适时拒绝，或者表达出自己的反对意见。

2. 选"柳树垂杨的湖畔边"。

你还算是有责任感的人，但是并不会去承担一些这样或那样的责任。只要是自己分内的事，或者是自己捅出来的错误，你会站出来负责到底，找办法补救；但是如果有人希望你多负担点不属于你的责任，可能就要有利益引诱，才能够说动你。

3. 选"可以遮阳的凉亭内"。

有点小聪明的你，蛮懂得求救示警，每当有事情发生时，第一个让你想到的解决之道就是找人帮忙，当然这也算是一种负责任的方式，不过可能会有些人觉得你不能负责而想推卸给其他人，所以做事的时候，你应该表现出勇于负责的态度，先想办法自己解决，免得被批评。

4. 选"枝叶繁茂的大树底下"。

你最怕别人叫你负责，只要是必须肩负重大责任的工作，你总会考虑再三，能不要就不要,但这并不是说你没有责任感,只是你觉得一旦答应他人,就应该负责到底,因此怕麻烦的你,总是希望能省一事就省一事。

话题2 相互协作,同舟共济

案例分享

在一次时下流行的野外拓展训练中,互不相识的一群人组成了几个集体。每个集体需要完成四项任务,每一项任务都需要集体配合来完成。如果有一个人没有完成,那么输掉的将是整个团队。

每一项任务都是对每个人身心的一次考验。在集体的努力下,其他几组都完成了两到三项任务,但没有全都完成的。最后一组完成了三项,只剩下最后一项,也是最难通过的一项。这项任务是要求过关的队员必须爬到十米高的一个立柱上,然后站到立柱顶端的一个圆盘上,接着向斜前方纵身一跃,凌空抓住距离自己有1.2米远的一根横木,就算完成任务。前面几组的队员中有很多人站到圆盘上根本不敢站起来,甚至都吓哭了,更别说完成任务了。

没有一个队员有足够的把握完成任务,很多人甚至连勇气都不足。但是必须完成,否则这个组的努力将全部付之东流,集体的荣誉也将失去。

在集体荣誉的激励下,在大家加油声的鼓励下,队员们一个一个都通过了,只剩下最后一位身材矮小的女孩了。

当她刚刚爬上立柱的时候,同伴们就看到她的腿在发抖,而且越抖越厉害。很多人都以为该组也到此为止了。但同伴们还是给了她最坚决、最热烈、也是最振奋人心的支持和鼓励,因为那个时候输赢已经不重要了,大家就是觉得不能让她一个人落下。这是团队的责任,她是团队的一员,团队有责任带她一起走。

在同伴们的热情鼓励和支持下,她颤抖着爬上立柱,蹲到了圆盘上,看得出,能够站起来对她来讲都是极为艰难的事情。大家还在拼命加油,虽然大家都知道,对于站在十米高地方的她而言,同伴们的声音已经很微小了,甚至根本听不清大家在说什么,但同伴们能做的只有这些了,而且同伴们必须把他们能做的做好,这事关集体的荣誉,需要整个团队所有人的共同努力。

规划路线,成就事业

她真的站了起来,那是一位瘦弱娇小的女孩,那是在10米高的地方,一个只有1.2米的圆盘上。好像是在等了好久之后,她纵身一跃。同伴们都闭上了眼睛,那一刻,大家都觉得自己的心比她跳得更激烈。

她成功了!所有的人都拼命鼓掌,发出了雷鸣般的掌声,大家的手都拍疼了。不光是因为胜利,最主要的是完成了任务——团队的任务,还有她的任务。同伴们没有丢下她,她也没让同伴们失望。

后来,这个女生说她有轻度的恐高症,"但是,我不能放弃,因为下面有那么多队友在鼓舞着我,我能成功,那是大家给我的力量。"

这一组赢得了最后的胜利,而且只有这一支队伍完成了任务,这也是那场比赛中唯一能完成任务的队伍。

 思维激荡

1. 将这则故事中最后一组的胜利归功于最后完成任务的那个小女孩,你同意吗?为什么?

2. 你怎么理解"同舟共济"这个词?

 理论工具箱

成功的生存,仅靠自己的力量是不行的,任何人都必须依靠他人才能获得更大的成功。

对于一个组织而言,如果组织中的成员只考虑自己的工作,而不去注意与别人合作,很可能因协调不善而出现问题,特别是对于流水线生产,每一个环节的员工都是彼此联系在一起的,彼此之间必须有着高度的协作精神,这样才能生产出高质量的产品。

一个人做事情的时候不去考虑别人或者根本就不注意和别人的合作,那么他肯定做不好工作,也会影响到别人的工作,因为他本身就是整个环节中的一部分。

彼此协作是生存的根本,无论对于个人还是企业。忽视了协作的价值,缺乏协作的精神,这无异于自己断了生存的根脉。一个有协作精神的员工,才能真正承担起自己的工作责任,也才能真正做好工作。

人们重视协作,就是因为协作能够给人们带来超越自身力量的更大的力量,获得超过自己能力的成功。这就是协作的意义。

协作是一种双赢。

二战期间一次惊心动魄的"大逃亡",可谓是协作的完美典范,此次活动任务之艰巨,范围之广泛,令人难以想象。

在德国柏林东南有一座战俘营。为了逃脱纳粹的魔爪,250多名战俘准备越狱。在纳粹的严密控制之下,实施越狱计划,这要求战俘们进行最大限度的合作,才能确保成功。为此,他们明确地进行了分工。

这是一件非常复杂的工程,首先要挖地道,而挖地道和隐藏地道则极为困难。战俘们一起设计地道,动工挖土,拆下床板木条支撑地道。处理新鲜泥土的方式更令人惊叹,他们用自制的风箱给地道通风吹干泥土。制作了在坑道里运土的轨道和手推车,在狭窄的坑道里铺上了照明电线。所需的工具和材料之多令人难以置信,3000张床板、1250个压条、2100个篮子、71张长桌子、3180把刀、60把铁锹、700英尺绳子、2000英尺电线,还有许多其他的东西。为了寻找和搞到这些东西,他们费尽了脑汁。此外,每个人还需要普通的衣服、纳粹通行证和身份证以及地图、指南针及干粮等一切可以用得上的东西。担任此项任务的战俘不断弄来任何可能有用的东西,其他人则有步骤,坚持不懈地贿赂甚至讹诈看守。

每个人都有各自的分工,做裁缝、做铁匠、当扒手、伪造证件,他们日复一日、月复一月地秘密工作,甚至组织了一些掩护队,吸引德国哨兵的注意力。

此外,他们还要负责"安全问题",德国人雇佣了许多秘密看守,混入战俘营,专门防止越狱,"安全队"监视每个秘密看守,一有看守接近,就悄悄地发信号给其他战俘、岗哨和工程队员。

这一切工作,由于众人的密切协作,在一年多的时间内竟然躲过了纳粹的严密监视,他们成功地完成了这一切。

1944年3月24日晚,200多名战俘开始行动了,但不幸的是,由于发生了一些意外的变故,实际上只有少数人越狱成功。

曾把此事拍成电影《胜利大逃亡》的著名导演约翰·休斯顿评论这件事时,曾经感叹不已:"这次逃亡需要200多人完完全全地投入,每个人都竭尽全力,每分、每时、日日夜夜连续作战,时间长达一年多,人的能量从来没有被发掘到如此淋漓尽致的地步,这种决心和勇气令人震撼。"

是的,这么多的人在如此艰苦的条件下越狱,如果不能团结协作,那是根本不可能完成的事,更谈不上成功脱逃了。

规划路线，成就事业

小贴士

> 说到追随与领导，大多数组织的成功，管理者的贡献平均不超过两成，任何组织和企业的成功，都是靠团队而不是靠个人。
>
> ——罗伯特·凯利
>
> 合作是一切团队繁荣的根本。
>
> ——大卫·史提尔
>
> 大成功靠团队，小成功靠个人。
>
> ——比尔·盖茨

小实验

想一想自己是否有以下的表现：
1. 从不承认团队对自己有帮助，即使接受过帮助也认为这是团队的义务；
2. 遇到困难喜欢单独蛮干，从不和其他同事沟通交流；
3. 好大喜功，专做不在自己能力范围之内的事。

一个人如果以这种态度对待所面对的团体，那么其前途必将是黯淡的。

话题 3　不为薪酬而工作

案例分享

盛夏的一天，一群人正在铁路的路基上工作。这时，一列缓缓开来的火车打断了他们的工作。火车停了下来，一节特制的并且带有空调的车厢的窗户被人打开了，一个低沉的、友好的声音传来："大卫，是你吗？"

大卫·安德森——这群人的主管回答说："是我，吉姆，见到你真高兴。"于是，大卫·安德森和吉姆·墨菲——铁路的总裁,进行了愉快的交谈。在长达1个多小时的愉快交谈之后,两人热情地握手道别。

大卫·安德森的下属立刻包围了他,他们对于他是墨菲铁路总裁的朋友这一点感到非常震惊。大卫解释说:"20多年以前他和吉姆·墨菲是在同一天开始为这条铁路工作的。"

其中一个下属半认真半开玩笑地问大卫:"为什么你现在仍在骄阳下工作,而吉姆·墨菲却成了总裁?"

大卫非常惆怅地说:"23年前我为1小时1.75美元的薪水而工作,而吉姆·墨菲却是为这条铁路而工作!"

思维激荡

1. 大卫·安德森与吉姆·墨菲有哪些相同的地方?有哪些不同的地方?

2. 23年前为1小时1.75美元薪水而工作的人,现在仍然为薪水工作;23年前为那条铁路而工作的人,现在却成了团队的总裁。这中间有什么道理吗?

理论工具箱

工作固然是为了生计,但是比生计更可贵的,就是在工作中充分挖掘自己的潜能,发挥自己的才干,做正直而纯正的事情。

一些年轻人,当他们走出校园时,总对自己抱有很高的期望,认为自己一开始工作就应该得到重用,就应该得到相当丰厚的报酬。他们在工资上喜欢相互攀比,似乎工资成了他们衡量一切的标准。但事实上,刚刚踏入社会的年轻人缺乏工作经验,是无法被委以重任的,薪水自然也不可能很高,于是他们就有了许多怨言。

也许是亲眼目睹或者耳闻父辈和他人被老板无情解雇的事实,现在的年轻人往往将社会看得比上一代人更冷酷、更严峻,因而也就更加现实。在他们看来,我为公司干一份活,公司付给我一份报酬,等价交换,仅此而已。他们看不到工资以外的东西,曾经在校园中编织的美丽梦想也逐渐破灭了。没有了信心,没有了热情,工作时总是采取一种应付的态度,能少做就少做,能躲避就躲避,敷衍了事,以报复他们的雇主。他们只想对得起自己挣的工资,从未想过是否对得起自己的前途，是否对得起家人和朋友的期待。

之所以出现这种状况，原因在于人们对于薪水缺乏更深入的认识和理解。大多数人因为自己目前所得的薪水太微薄，而将比薪水更重要的东西也放弃了，这实在是太可惜了。

不要只为薪水而工作，因为薪水只是工作的一种报偿方式，虽然是最直接的一种，但也是最短视的。一个人如果只为薪水而工作，没有更高尚的目标，那并不是一种好的人生选择，受害最深的不是别人，而是他自己。

一个以薪水为奋斗目标的人是无法走出平庸的生活模式的，也从来不会有真正的成就感。虽然工资应该成为工作目的之一，但是从工作中能真正获得的更多的东西却不是装在信封中的钞票。

一些心理学家发现，金钱在达到某种程度之后就不再诱人了。即使你还没有达到那种境界，但如果你忠于自我的话，就会发现金钱只不过是许多种报酬中的一种。试着请教那些事业成功的人士，他们在没有优厚的金钱回报下，是否还继续从事自己的工作？大部分人的回答都是："绝对是！我不会有丝毫改变，因为我热爱自己的工作。"想要攀上成功之阶，最明智的方法就是选择一件即使酬劳不多，也愿意做下去的工作。当你热爱自己所从事的工作时，金钱就会尾随而至。你也将成为人们竞相聘请的对象，并且将会获得更丰厚的酬劳。

不要只为薪水而工作。工作固然是为了生计，但是比生计更可贵的，就是在工作中充分发掘自己的潜能，发挥自己的才干，做正直而纯正的事情。如果工作仅仅是为了面包，那么生命的价值也未免太低俗了。

人生的追求不仅仅只有满足生存需要，还有更高层次的需求，有更高层次的动力驱使。不要因麻痹自己而告诉自己工作就是为赚钱——人应该有比薪水更高的目标。

工作的质量决定生活的质量。无论薪水高低，工作中尽心尽力、积极进取，能使自己得到内心的安宁，这往往是事业成功者与失败者之间的不同之处。工作过分轻松随意的人，无论从事什么领域的工作都不可能获得真正的成功。将工作仅仅当做赚钱谋生的工具，这种想法本身就会让人蔑视。

事业成功人士的经验向我们揭示了这样一个真理：只有经历艰难困苦，才能获得世界上最大的幸福，才能取得最大的成就；只有经历过奋斗，才能取得成功。

小贴士

> 提供超出你所得酬劳的服务,很快,酬劳将超出你所提供的服务。
> ——拿破仑·希尔
>
> 不患无位,患所以立,不患莫己知,求为可知也。
>
> (《论语·里仁》)

 小实验

讨论:我们究竟为什么工作?

提示材料:

漫画家朱德庸在他热销的《关于上班这件事》一书中说:"说到每天上班8小时这件事,其实是本世纪人类生活史上的最大发明,也是最长的一出集体悲喜剧。你可以不上学,你可以不上网,你可以不上当,你就是不能不上班。"

对此他还有一句补充说明:"这是一个企业的生命比我们的人生价值、老板的指示比老婆的指令更严重的年代——办公室变成我们人生最重要的场所,喜怒哀乐、是非成败都发生在这里。"

于是,我们就如同朱德庸笔下"钟面上的指针",嘀嗒嘀嗒,日复一日,跑都跑不掉。

工作,还是工作。每天大多数人都在超过8小时的工作时间、上司咄咄逼人的目光、同事间明里暗里的竞争里度过,一天到晚,一年到头,工作占据了我们最多的时间,甚至成为大多数人生活中最主要的内容。毫不夸张地说,在现今的时代工作对每一个人都很重要。

那么,人们究竟是为了什么而工作,在工作中最看重的又是什么呢?

在只发售单程车票的人生列车上,又如何造就你不平凡的职业生涯呢?

一想到"我们为什么工作"的问题,多数人大脑里首先浮现的自然是"要赚钱",也就是说,工作为自己提供了在社会赖以生存的物质基础。我们需要通过工作来获得生存、或追求更美好的生活所必需的物质收入。

除此之外,我们还很容易得出这样的结论:为寻求个人发展。所谓个人发展,一般来说分为两种,一是在某个企业得到提拔,升到了令自己比较满意的位置,从而不但获得更好的物质回报,也得到相应的社会地位;一是个人能力得到提高,或资金得到积累，或是掌握的社会资源得以丰富，从而能更加随心所欲地生活，比如个人创业，比如从事自由职业。

分析到最后发现，工作的目的不仅是为了最基本的物质生存，为了更好的物质生活，工作其本身也存在着一些精神上的目的。

……

附录 生涯规划100句

　　生涯规划是新时代的潮流,现代人的课题,生涯规划越早做越好,胜算也越大,而且越到老越受用。

　　如果你能经常阅读、反思这生涯规划100句,你的人生必然不断成长、精进,更会圆融、得众,愿彼此以共勉之。

　　1. 生涯即人生、生涯即竞争,生涯规划就是个人一生的竞争策略规划。

　　2. 生涯要规划,更要经营,起点是自己,终点也是自己,没有人能代劳。

　　3. 生涯规划就是规划人生的远景,彩绘生命的蓝图,发挥自己的才能,谱写人生的剧本。

　　4. 生涯规划包括如何成长、学习、谋生及生活,是一连串思考、选择、计划、打拼、发展的终生历程。

　　5. 生涯规划的目的在于掌握住现在。看得见未来;促进自我了解、自我定位、自我发展及自我实现。

　　6. 成功的人生,需要自己去经营,别再说了,莫再等了,现在就为自己的人生做好规划,为人生点亮一盏明灯,赢在人生起跑点上。

　　7. 人生是一趟旅行,只卖单程票,不卖回程票。

　　8. 时间就是生命,人生何其短暂,请珍惜有限岁月,活出自己,活出生命。

　　9. 人生之路要自己走,要过怎样的人生,完全是自己的选择,只有自己才能赋予生命最佳的诠释。

　　10. 人生像演员,不同的场合,不同的阶段,扮演不同的角色,重要的是,无论演什么,就要像什么。

　　11. 人生的愿望在于:成为自己的老板,掌握自己的命运,主宰自己的时间,创造自己的快乐,追求自己的幸福。

　　12. 人生的标的在于:感觉被欣赏,人格被尊重,成就被肯定,生而能尽欢,死而能无憾。

　　13. 生活的目的在于:活得实在,活得自在,活出健康,活出品味,活出快乐,活出豪气,活出尊严。

　　14. 人生最重的事,不是您现在站在何处,而是您今后要朝那个方向,只要方向对,找到路,就不怕路远。

15. 成功的人生,胜于成功的事业,一味追求事业的赢家,最后可能变成人生的输家。

16. 佛前的灯,不必刻意去点,最重要的是,点亮自己的心灯,知道自己的起跑点及目的地,想出最适合自己的方式,按部就班跑向目的地。

17. 人的一生,是一连串决定交织而成的过程,其精华在于自己如何选择。生命的最高境界,就是选对舞台,尽情挥洒才华,走出自己的路。

18. 人生成功的定义,要自己去找寻;人生快乐的感觉,要自己去诠释;千万不要迷失在别人的看法中。

19. 价值观就是我们对事物好与坏、对与错的看法,我们觉得好的、对的、重要的、应该的,都代表了我们的价值观,因人而异,系于一念之间。

20. 在对人、对事方面,如果能尽量选择朝愉快的方向去想,就会愈来愈感到愉快。

21. 一个人只要想法愿意改变,事情就有转机,改变的意念会愈强,胜算就愈大,成功的机会,远留给拥抱变化、渴望改变的人。

22. 人生是计划的过程,计划的主人是自己,计划做得具体,执行做得确实,胜算必然属于自己。

23. 积极的人充满乐观,展现活力,总是知道自己的方向,要的是什么?更清楚地知道,自己该如何去做。

24. 人在高潮时,千万不可得意忘形,否则骄兵必败;人处低潮时,千万不可灰心丧志,否则郁卒自灭。

25. 一个人如果心态开放,保持好奇,破除成见,不断进修,求新求变,将会使视野开阔,拥有创意人生。

26. 快不快乐在自己,快乐从心起,自己求,要学习。

27. 当一个人感到很知足,心不烦、身不疲、无所求、心能安的时候,快乐就在其中。

28. 当一个人感到吃得下,玩得动,睡得好,没牵挂,很满足的时候,幸福就在其中。

29. 快乐的源泉在于:知足、无求。尽责、无怨、宽容、感恩、舍得、放下、忘记。

30. 生涯规划的步骤是:先觉知、有意愿、量己力、衡外情、订目标、找策略、重实践、善反省、再调整、重出发的循环历程。

31. 生涯规划的前提在于:主角是自己,愿意改变自己,要量力适性,参考家人意见,有求好心,有企图心,有行动决心。

32. 一个人就算饱学之士,如果不能了解自己,掌握自己,就称不上是个有智慧的人。

33. 了解自己是生涯规划的起点,唯有充分了解自己,生涯规划才能做到量力适性,人生才能过得如自己所想。

34. 要了解自己,就要勤于自我生涯对话,认清我是谁?我是怎样的一个人?我有哪些生涯资产及战力?我要到那里去?我要如何达到目的?

35. 目标代表个人的愿景,是心中的罗盘,人生因有目标,才会执着地去追求,才会有成功的希望。

36. 人生有梦,筑梦踏实,将自己的梦想,以阶段性的小目标落实在具体的计划中,然后身体力行,积极实践,就是生涯规划最具体的表现。

37. 人生是连续的过程,珍视过程,就是钟爱自己;渴望、信心及行动是圆梦三部曲。

38. 人生以40岁为分水岭,前20年为人作嫁,工作以量为中心;后20年为己多活,工作要以质为中心。

39. 人生幸福"三诀":不要拿自己的错误惩罚自己;不要拿自己的错误惩罚别人;不要拿别人的错误惩罚自己。

40. 人生虽有终点,生命却是无涯;生活可以随便,生命却要认真。怎样安排此生是自己的责任。

41. 圆满人生的八大标志是:婚姻美满、家庭和乐、道德修养、终身学习、事业发展、身体健康、理财得法、善缘广结。

42. 全方位的生涯规划至少包括四个领域:缤纷生活路、快乐工作路、丰富学习路、职涯成功路。

43. 缤纷生活路包括:美满婚姻、和乐家庭、健康生活、休闲生活、人际关系、时间管理、消费理财等。

44. 快乐工作路包括:善尽职责、纾解压力、精益求精、工作丰富、寻找乐趣、追求创新等。

45. 丰富学习路包括:修身养性、自我进修、短期进修、在职进修、学艺专精、网络学习等。

46. 职涯成功路包括:终身受雇、职位晋升、专长发展、绩效创高等。

47. 人生的地图,画满了各式各样的关卡,每过一关都是成长,能够过关便是幸运,经历种种关卡所累积的教训及经验,更是人生的智慧。

48. 人生的关卡,成败在于自己,过关的是自己,卡住的也是自己,人生自古谁无关,只要过关就是赢家。

49. 生涯警讯要觉醒,生涯危机要诊断,生涯挫败要探因,逆转危机为转机,生涯革命要进行。

50. 挫败是人生必修的课程,除了勇敢面对它、接受它、处理它,没有第二条路。

51. 中年,是一个充满压力、挑战及危机的时期,如何破茧而出,在困境中突破成长,是人生的重要课题。

52. 中年转折是一个危机与机会并存的时机,也是一个真真实实的转折点,只要勇敢面对,因应有方,还是能够活得像一条龙。

53. 破浪扬帆全靠信心、决心、毅力,福祸无门,无一事不可转圆,一切操之在己。

54. 灰心丧志是失败之源,患得患失是痛苦之源,焦虑忧愁是疾病之源,知足、感恩、善解、包容是快乐之源,健康、平安、心安是幸福之源。

55. 舍得才能获得,放下才能去烦,忘记才能心宁,宽容才能得众。反求诸己,做到无念无私,就是踏实自在。

56. 生涯路上布满陷阱,每个人要以如履薄冰的心情,踏实的跨出每一步,坚持向前,充满自信和决心,只要行得正、走得稳,终会达成目标。

57. 成功不自满,常怀企图心;改善是求进步的动力,自满是走下坡的起点;为了成功而停下脚步的人,失败就在不远处等您。

58. 真正的衰退,不在白发皱纹,而是停止了学习进取,因此,抱持希望,不断学习,落实行动,是成功人生的保证。

59. 现代人的工作守则:流汗不流血,卖力不卖命,做事不坐牢,争气不争功。

60. 一个人的品德操守最重要,也是唯一自保之道。表现好,别人不一定肯定;表现不好,别人肯定不轻饶;哪里差,别人就往那边挑;哪里脏,别人就往那边扫;哪里臭,别人就往哪边清。

61. 一个人如果忙得抽不出一点时间,常把忙碌一词成为口头禅,那就表示他已被时间锁住,成了时间的奴隶。

62. 人生有输有赢,得势顺境时,千万不要得意忘形而放纵自己;失势逆境时,千万不可消极颓唐而放弃自己。人生成功的定义,要自己去找,别迷失在别人的看法中。

63. 人生如波浪起伏,唯有培养辨识障碍的意识与能力,坚定面对挫折的勇气与决心,设法及时地反省与补救,才是在茫茫人生大海中安稳航行的不二法门。

64. 聪明人看退休:不是人生的结束,而是另一阶段的开始;不是工作的退出,而是工作的再参与;不是从此坐享清福,而是人生再定位;不是依靠别人,而是人生再出发;不是自然凋谢的过程,而是有计划的过程。

65. 退休是放松自己,让自己更有时间去做一些年轻时想做而没时间去做的事情,来满足自我,活出精彩人生。

66. 如果在年轻的时候能尽早预筹生涯发展,先期进行生涯管理,那么在今后的生涯路上,必然走得实在,活得快意。

67. 早备"六老",愈老愈受用:老健、老伴、老本、老友、老趣、老傻。

68. 老身要健,勤于运动:要活就要动,动则得救;力行生活规律,饮食适当,营养均衡,定期健检;注重休闲,保持心情愉快,便是健康保证。

69. 老伴要好,爱要及时:年轻的夫妻要及早培养默契,好为老年的生活累积相爱相守的本钱;空巢中的老人虽然抓不住孩子的翅膀,但别忘了劳苦功高的老伴,只要巢中有温情,永远不会空。

70. 老本要保,善于理财:年轻的时候,要量入为出,懂得理财,为后半生早作准备;人老了,没钱万万不能,千万要守住老本,懂得活用,善待自己。

71. 老友要交,广结善缘:老友愈陈愈香,年轻的时候要及早培养人脉,以便为老年的生活营造谈天说笑的空间;人愈老愈需要朋友,借着老友的互动联谊,可排遣寂寞,打发时间。

72. 老趣要多,及时培养:一个人的兴趣愈多,朋友就愈多,生活就愈有情趣,生命也就更充实。能为兴趣而活,是人生最大乐事。

73. 老傻要装,涵养心性:人活得愈老,愈要装傻,与配偶、子女、媳妇、好友相处,少说两句、少批毛病、少发脾气,多让一点、多想一二、多说好话,和和乐乐,皆大欢喜。

74. 装傻的最高境界在于:拿得起、放得下、看得开、不动气、知足、感恩、善解、包容。

75. 临老宣言:多运动保健康,心和谐增愉快,不要委屈自己,不要为难子女,没钱万万不能,多陪伴老伴,活到老学到老,有余力多奉献,可以预立遗嘱,多做还愿还债,从容准备后事,恬然接纳死亡。

76. 临老警语:不做老病号,不做老番颠,不做孤独者,不做守财奴,不做落伍者,不做依赖者,不做等死者。

77. 银发族的养生秘诀:知老、认老、抗老、忘老、返老、惜老。

78. 老当知老,规律自我,青春永保;老当认老,不要过劳,剔去烦恼;老当抗老,养身有道,永不嫌老;老当忘老,不停用脑,永不枯槁;抗衰返老,心境要好,自乐陶陶;老当惜老,及时行乐,潇洒逍遥。

79. 潇洒人生"六得":来得、做得、玩得、舍得、放得、走得。

80. 活到老,学到老,动到老,玩到老,乐到老,永不老。

81. 悲观者抱怨风向,乐观者期待转向,聪明者调整风帆。

82. 对人生的种种,要抱持"看得见、想出来、知改变、能行动"的态度,才能对自己的人生有所交待。

83. 自我管理的警语:既尊己又尊人,站稳脚再冲刺,识时务知进退,存善心做好事,己不欲勿施人,有余力多助人,重修行求心安,善尽责留怀思,再卖力有批评,疼自己做自己。

84. 有效工作的警语:凡事求合理,凡事求心安,有始也有终,过程兼结果,时效即绩效。

85. 人际关系的警语:时存五心(诚心、宽心、同情心、助人心、感恩心);力行五好(心地好、态度好、表情好、言语好、行为好)。

86. 开心生活的警语:时时开放心胸,保持乐观心情,全力冲刺目标,运动休闲兼顾,营养力求均衡,生活加点创意。

87. 心灵保育的警语:常运动以健心,多静省以收心,戒酒色以清心,去物欲以养心,诵古训以警心,悟至理以明心,厉行善以爱心。

88. 在人生的奋斗过程中,就像一场场的球赛,有输有赢。人生之路崎岖难行,但凭毅力、决心、勇往直前,才能战胜命运,成为生涯赢家。

89. 所谓生涯赢家,就是对自己了解很清楚,知道自己想要什么、想做什么、想过怎样人生的人。

90. 生涯赢家的画像:快乐风光享余年,活动自如身体健,经济独立不靠人,亲情友情乐融融,云淡风轻随己性,生活快乐不知老,退休计划做得巧,养老压力自然小。

91. 赢家的相对就是输家,凡是对自己不了解、任由环境塑造、糊里糊涂生活的人,都算是人生的输家。

92. 生涯输家的画像:病弱孤独度残生,插管躺卧在病榻,如影随形文明病,亲情友情渐疏离,精神空虚难自处,早未准备悔已迟,退休计划做得差,养老压力自然大。

93. 人生使命宣言:家庭第一,健康至上;劲在工作,知足感恩;乐善好施,广结善缘;信然重诺,心安理得;终身学习,回馈社会。

94. 不怕计划失败,只怕不去计划,赢家的头衔是苦干得来、汗水换来的。

95. 生涯是连续的、终生的。与成功有约,有梦的人终会摘星。

96. 主角是自己,只有自己才能决定成败,才能掌握命运,突破困境,并使美梦成真,没有人可以代劳。

97. 新好父母或老师,要为孩子或学生生涯点灯——点燃其心灯、智慧之灯、希望之灯。

98. 新好父母或老师,要做子女或学生的生涯贵人——要做其心理学家、顾问、拉拉队长、向导。

99. 让孩子或学生,找到自己,掌握自己,肯定自己——走出自己的路,比什么重要。

100. 快乐人生的根源在于用心经营家庭——事业成功的人,也是家中的模范生,筑一个自己喜欢的巢,爱情及亲情就在家里。